Armin Neusius _ Ein Saarländer in Cuba
Geschichten und Fotos aus einem sozialistischen Paradies

Armin Neusius

Ein Saarländer in Cuba

Geschichten und Fotos aus einem sozialistischen Paradies

*edition*schaumberg

Impressum

© 2012. Alle Rechte vorbehalten.
edition schaumberg Thomas Störmer, www.edition-schaumberg.de
Texte und Fotos: Armin Neusius
Gestaltung, Druckvorstufe: Thomas Störmer
Druck und Verarbeitung: Ottweiler Druckerei
Titelabbildung: Havana grunge rubber stump; Fotolia©oxlock
1. Auflage. 2012

ISBN 978-3-941095-17-5

Gewidmet meinem alten Freund, dem Journalisten und Schriftsteller Henky Hentschel, der kurz vor Drucklegung dieses Buches in Havanna verstarb.

Inhaltsverzeichnis

Nur fliegen ist schöner … 9

Mein cubanischer Bruder 18

Abgezockt – oder – das muss wahre Liebe sein 25

Der König von Cardenas 36

Das Viertel der Friseure 41

Daisy 54

Und die Asche bleibt uns doch 57

Die Reise des jungen Che 68

Der Tabakpapst 71

Cuba life 82

Sankt Karl 92

Ein junger Alter 96

Cuba Real 106

Juana, die Cubanerin	116
Havanna erleben	119
Stadt der Toten	126
Zur Erinnerung an Henky Hentschel	132
Cubanischer Stammtisch	134
Suche Wohnung	138
Cumpeleaños	142
Gustavo	152
Deutsche Spuren in Cuba	164
Der Faun von Havanna	176
Calle Marino	179
Chicas	184
Die kleine Kneipe	188
Bici-Taxi	204
Leben und Überleben im »sozialistischen« Paradies	212
Was passiert, wenn … ?	222

»Flug«-Schüler

Nur fliegen ist schöner ...

Sachen gibt's, die gibt es nicht. So dachte auch ich mir nach einem Flug mit der spanischen Fluggesellschaft IBERIA. Aber eins nach dem andern.
So standen wir nun also hier in Havanna mit 28 Personen und wollten nach Hause. IBERIA aber hatte etwas dagegen. Sie nahmen uns wegen Überbuchung einfach nicht mit. Trotz Rückbestätigung durch die Agentur in Havanna, einem nochmaligen Anruf am Abreisetag und dem Okay von IBERIA standen wir nun etwa zweieinhalb Stunden vor Abflug am Schalter der IBERIA. Auch nach heftigen Protesten blieb uns nichts anderes übrig, als eine weitere Nacht in Havanna zu verbringen.
Anfangs blieb es uns unverständlich, warum einige Personen hinter uns anschließend eincheckten. In einem vertraulichen Gespräch äußerte ein Mitarbeiter von IBERIA, bei einer Gruppe brauche man nur eine Person, um die Gruppe zu beruhigen, bei 28 Einzelpersonen oder Pärchen aber bestimmt zehn Personen. Der zuständige Stationsleiter ließ sich nicht einmal auf ein Gespräch ein, er drehte sich um und ging weg.
Dass alle 28 Personen Geschäftsleute waren, und teilweise am nächsten Tag wichtige Termine hatten, machte die Situation umso schwieriger. Nach fast zweistündigen Verhandlungen konnten vier Personen in der Businessclass mitfliegen.
IBERIA brachte uns in einem Hotel unter, zahlte außer dem üblichen Essen auch ein dreiminütiges Telefongespräch nach Europa, so wie es von der Europäischen Kommission auch vorgeschrieben ist. Am nächsten Abend konnten wir dann über Madrid nach Frankfurt fliegen.

Auf diesem Flug passierte dann Folgendes: IBERIA Flug 6622. Ich hatte den undankbaren Platz 20 A – ein Sitz ist am Fenster und gleich an der Eingangstür. Der Platz ist nicht sehr angenehm, da durch die Wölbung der Tür die Beine nur versetzt ausgestreckt werden können. Außerdem spürt man an diesem Platz die äußere Kälte ganz besonders. Leider erhielt ich keine Wolldecke da angeblich keine zur Verfügung stand.

Ich stieg als Letzter der Fluggäste ein. Da alle Gepäckablagen belegt waren – teilweise mit überschweren Holzkisten – wie ich beim Öffnen sah, und unter meinem Sitz die Tasche meines Hintermanns lag, stellte ich meine Tasche, die etwa drei Kilogramm wog (in der Tasche befanden sich meine Kamera sowie die Reiseunterlagen für die Gruppe) gegenüber in eine Ecke. Ebenso stellte ich meine Schuhe dorthin. Ich nahm aus meiner Jackentasche ein Paar leichte Frotteepantoffel und streifte diese über. Diese Pantoffel hatte ich bei meinem letzten Flug 14 Tage vorher von AIR CHINA erhalten.

Beim Start setzte sich eine der Stewardessen auf den für Flugbegleiter reservierten Sitz gegenüber. Sie bemerkte Schuhe und Tasche in der Ecke und forderte mich auf diese zu entfernen. Ich sagte ihr, dass alle Ablagen belegt seien und sie mir doch einen Platz zuweisen solle. Sie entgegnete, dass dies meine Aufgabe sei, und forderte mich nun sehr energisch auf, diese Sache zu entfernen. Da ich aber nicht wusste, wo ich die Tasche hinstellen sollte, bat ich sie nochmals, einen Platz zu suchen.

Sie stand auf, ging Richtung Cockpit und kam mit einer Kollegin zurück. Auch diese forderte mich in barschem Ton auf alles zu entfernen. Als ich sie bat mir eine geeignete Stelle zu zeigen, warf sie mir meine Schuhe vor die Füße öffnete eine Klappe neben dem Klappsitz für Flugbegleiter und warf meine Tasche hinein. Leider stellte ich erst zuhause fest, dass meine Canon Kamera durch diese Aktion beschädigt wurde. Die Arretierung für das Wechselobjektiv war abgebrochen und das Sigma-Objektiv wurde beschädigt.

Kurz vor der Landung in Madrid zog ich meine Schuhe wieder an. Einer der Frotteepantoffel rutschte unter die Wölbung der Tür, der andere lag gegenüber von meinem Sitz in der Nähe des Klappsitzes für Flugbegleiter.

Wie allgemein üblich setzen sich die Flugbegleiter immer ziemlich spät auf diesen Sitz. Meine freundliche Flugbegleiterin, die bereits beim Start den Platz der Tasche gerügt hatte, nahm Platz und bemerkte den Pantoffel. Daraufhin war sie sehr ungehalten. Sie forderte mich in einem unsäglichen frechen Ton auf, sofort diesen Pantoffel aufzuheben. Da ich bereits angeschnallt war, bat ich den Pantoffel mit einem kleinen Stoß unter den Sitz zu befördern. Sie schnallte sich wieder ab, ging weg und kam mit dem Purser, dem ranghöchsten Flugbegleiter, wieder. Dieser zwang mich, während des Landevorganges aufzustehen, und den Pantoffel zu entfernen. Danach setzte ich mich wieder und schnallte mich an. Der Flugbegleiterin schien dies der Gipfel der Unverschämtheit zu sein. Sie ergriff meinen Gurt, öffnete ihn, zog mich aus dem Sitz und zeigte auf den Pantoffel, der unter der Tür lag. Ich konnte mich losreißen, setzte mich und schnallte mich wieder an. Der Purser verschwand blitzschnell mit den Worten, er werde die Polizei rufen. 20 Sekunden später setzten wir auf dem Rollfeld auf. Selbstverständlich kam keine Polizei.

Nur am Rande soll erwähnt werden, dass die Flugbegleiterinnen für sich Metallschubfächer auf den Boden gestellt hatte, sich darauf setzten und bei geschlossenem Vorhang aßen. Ich glaube, dass so eine Schublade bei einer Turbulenz mehr Unheil angerichtet als ein Paar Pantoffel von weniger als 100 Gramm.

Da die Flugbegleiterin wegen ihrer Körperfülle nur in der Lage war, sich seitwärts durch die Reihen zu bewegen, nehme ich an, dass sie nur zur Aushilfe eingeteilt war, wenig Flugerfahrung besaß und nicht ahnte, dass sie mit ihrem Benehmen das Ansehen ihrer Fluggesellschaft arg in Misskredit brachte.

Ich beschwere mich bei der Zentrale in Madrid und bei dem Leiter von IBERIA in Frankfurt. Eine Antwort speziell zu diesen Vorwürfen erhielt ich nie. In einem Brief aus Frankfurt entschuldigte man sich für die »*unerfreulichen Zwischenfälle*« und ... »*würden uns freuen, Sie wieder an Bord begrüßen zu dürfen!*«

P.S. Für die Reparatur meines Canon Fotoapparates habe ich 265 Euro bezahlt. IBERIA ist zu dieser Zeit zu einer der schlechtesten Fluggesellschaften Europas gewählt worden.
Woran das wohl liegen mag?

Hotel National in Havanna

Defekte Werbung an einem »Kaufhaus«

Cubanische Flaggen am »Platz der Würde«

Mein Cubanischer Bruder

Gustavo

Meinen cubanischen Bruder Gustavo lernte ich am Strand in Varadero kennen.
Er stand im Meer und warf seine Netze aus. Das hätte ich auch gerne gekonnt. Und so schlenderte ich zu ihm hin. Er gab mir das Netz, und ich versuchte, es ihm gleich zu tun.
Gleich beim zweiten Wurf verlor ich einen Zahn. Die Technik bestand darin, dass man das über den Arm geworfene Netz mit den Zähnen festhält und kurz vor Ankunft auf dem Wasser loslässt. Jeder muss Lehrgeld zahlen und wenn es in Form von Zähnen ist. Für die Zahnarztkosten hätte ich mir in Cuba 25 Schubkarren voller Fische kaufen können.
Gustavo lud mich am Abend zum Lobster-Essen ein. Kosten: zehn, damals noch, Dollar. In der Jugend war es mir nicht vergönnt, diese edle Delikatesse zu genießen. Das wollte ich jetzt nachholen.
Ein Freund von Gustavo, mit dem ich heute noch befreundet bin, holte mich am Hotel ab und führte mich auf verschlungenen Wegen zum fünf Kilometer entfernten Grillplatz.
Hier, versteckt hinter Hecken, brannte ein Feuer, und darüber hing mein Lobster. Leider hatte Gustavo nicht sehr viel Ahnung davon, wie man einen Lobster zubereitete. Dieses Meerestier schmeckte unverkennbar nach Rohöl. Gustavo hatte das Feuer mit Öl angezündet und wahrscheinlich hatte der Lobster einiges davon abbekommen. Für den nächsten Tag wurde ich wieder eingeladen.
Als guter Gast im fremden Land lobte ich das Essen, machte beiden aber klar, dass ich aus religiösen Gründen nur einmal im Jahr Meerestiere essen dürfe. Gustavo lacht heute immer noch, wenn er diese Story hört.
Im nächsten Jahr fuhr ich gleich zweimal nach Cuba. Ich hatte mich in das Land verliebt. Ich wohnte aber nicht mehr im Hotel, sondern *illegal*. Das erste Mal bei einem alten kommunistischen Ehepaar. Sie räumten ihr Schlafzimmer und überließen mir dies für 20 Dollar die Nacht. Ein ganz akzeptabler unversteuerter Nebenverdienst.
Gustavo steuerte täglich noch Lobster und Fisch bei, sodass dieses alte Ehepaar für cubanischen Verhältnissen ganz gut leben konnte.
Ich brachte Gustavo eine Harpune und einen Neoprenanzug mit. So konnte er auch mit der Harpune Fische jagen. Den Anzug und die Harpune lagerte er am Strand in einer Hütte. Leider war der Anzug eine Nummer zu klein und Gustavo brauchte eine zweite Person und eine Viertelstunde, bis er diesen Anzug angezogen hatte. So auch an jenem Morgen. Er nahm den Anzug aus der Hütte und quälte sich mit meiner Hilfe in dieses enge Foltergerät. Dann machte er sich auf ins Karibische Meer. Kurz bevor er dort ankam, traute ich meinen

Augen nicht. Gustavo schlug urplötzlich Purzelbäume wie ein Clown im Zirkus. Er sprang von einem Bein auf das andere und riss sich den Neoprenanzug vom Körper. Zum Anziehen brauchte er fünfzehn Minuten – ausgezogen hatte er ihn in zehn Sekunden.

Ich lief zu ihm hin. Er war furchtbar aufgeregt und nervös. Er zeigte mir dann, weshalb er diese Kunststückchen vorgeführt hatte. Ein Skorpion hatte sich in den Anzug geschlichen. Gustavo hatte viel Glück und wurde nicht gestochen. Den Anzug hat er nie mehr angezogen. Er hat ihn für ein Fischernetz mit einem Kollegen getauscht.

Gustavo musste in den vier Wochen, in denen ich meinen Urlaub verbrachte, im Gegensatz zu früher, zur Arbeit gehen. Er hatte eine Vorladung bekommen, mit der Maßgabe sofort eine Arbeitsstelle anzutreten. Er wurde einer Malerbrigade in einem Hotel zugeteilt. Seine Aufgabe bestand darin, die Wände innen und außen in den Farben blau und weiß zu streichen. Zufälligerweise hatte sein Haus nach dieser Arbeit die gleichen Farben.

Und nun fängt der cubanische Handel an. Gustavo glaubte, die Farbe sei viel zu dick und er müsse sie mit Wasser verdünnen. Da er nun mehr Farbe hatte, tauscht er diese mit jemandem, der in seinem Dienstfahrzeug zu viel Benzin hatte. Es wäre sonst übergelaufen, beteuerte er ernsthaft. Das Benzin wiederum brauchte dringend jemand mit einem alten Auto, der in einer Hotelküche arbeitete. Hier fehlte angeblich der Platz, um die Hotdogs zu lagern. Und so gab's bei Gustavos Familie – durch diesen Ringtausch – eine Zeit lang als Zugabe zu Reis und schwarzen Bohnen, Hotdogs in großen Mengen.

Als ich dann im Dezember noch einmal nach Cuba reiste, war mein Quartier bei dem alten Ehepaar besetzt. Und so besorgte mir Gustavo bei seinem Freund Otto in einer umgebauten Garage eine Bleibe. Hier wurde mir gleich erklärt, falls ich in der Nähe des Hauses einen Mann mit nur einem Arm sähe, der ein altes rostiges Fahrrad schiebe, dürfte ich die Wohnung nicht betreten. Dieser Mann sei ein Spitzel und passe auf, dass nicht illegal vermietet werde. Otto wurde dann doch noch erwischt, denn eines Tages kam der Mann mit einem Arm auf einem alten rostigen Motorrad. Er hatte sich verbessert und das Fahrrad getauscht. Ich jedoch achtete immer nur auf den Mann mit einem Arm und einem alten verrosteten Fahrrad. Ich musste sofort ausziehen. Ein paar Tage wurde die Wohnung versiegelt und durfte nicht mehr benutzt werden. Otto zahlte dann eine gewaltige Strafe und hatte noch Glück, dass man ihm die Wohnung nicht abnahm.

An manchen Tagen dachte ich, ich wäre in einem Krimi gelandet.

Fischer in Varadero

Nachdem das Hotel gestrichen war, arbeitete Gustav als Kammerjäger. Hier hatte der Tauschhandel noch makabere Züge. Für ein Paket Mottenkugeln gab es eine Flasche Rum oder drei Hamburger (ohne Brot); ein Paket Rattengift hatte den Wert von fünf tiefgefrorenen Hähnchen oder einem kleinen Paket Camerones. In den Tauschgeschäften kannte sich Gustavo besser aus als ein levitischer Teppichhändler.

Fast ein halbes Jahr arbeitete er in diesem Mausefallen-Business und hat sich bei all dem Ungeziefer wahrscheinlich die Ehrenmitgliedschaft wegen erfolgloser Bekämpfung erworben. Mit dem nicht verbrauchten Schädlingsbekämpfungsmittel tauschte er solange, bis er einen alten gebrauchten russischen Eisschrank sein Eigen nennen konnte.

Hier bewahrte er auch die Fische und Lobster auf. Jeden Morgen zum Frühstück gab es entweder frischen Fisch oder Lobster. Manchmal war ich froh, zuhause wieder Marmelade zum Frühstück zu haben. Bei diesen Besuchen stieg mein Cholesterinspiegel wahrscheinlich ins Unermessliche.

Mancher Sternekoch hätte sich an der Zubereitung des frischen Fisches von Gustavo etwas abschauen können. Mit den einfachsten Mitteln zauberte er einmalige Köstlichkeiten. Alle Gäste schwärmen noch heute von dem einmaligen Lobster- und Fischessen bei Gustavo.

Als ich ihn wieder einmal besuchte, überraschte er mich mit der Mitteilung, dass er nun geschieden, und um 300 Dollar reicher sei. Ich berichtigte ihn und dachte, dass er nun um 300 Dollar ärmer sein müsste. Dabei wohnte er immer noch – wie schon seit zwanzig Jahren – zuhause bei seiner nun Ex-Frau und seinen zwei Kindern. Er erklärte mir, dass dies nur eine taktische Scheidung gewesen sei. Ich verstand nur *Bahnhof*.

Er erklärte mir, dass er für eine Operation innerhalb der Familie ganz dringend Geld benötigte. Ohne Geld wäre die Operation erst in ein oder zwei Jahren möglich gewesen. Nun eröffnete sich ihm folgende Möglichkeit: Eine in der Gesellschaft bekannte lesbische Dame aus Havanna, deren Neigungen nicht bekannt werden sollten, bot ihm 300 Dollar, wenn er sie heiraten würde.

Da in Cuba Scheidung und Heirat völlig unproblematisch sind, stimmte Gustavo zu und so wurde die Heirat völlig formlos durchgeführt. Seine *neue Frau* sah er nach dem Standesamt nie wieder. –

Da mein Flugzeug Verspätung hatte, landete ich eines Nachts gegen 24.00 Uhr bei Gustavo vor der Haustür. Er hatte Besuch von seiner Familie aus dem Oriente – so wird die Gegend im Osten von Cuba genannt – und hatte keinen Platz. Er brachte mich bei einem seiner Brüder unter. Dieser hauste in einer Zweikammerbude. Er besaß zwei Betten. In das freie Bett legte ich mich angezogen hin, da man beim besten Willen das Ganze, was man sah, nicht als Bettzeug betiteln konnte. In der Nacht kam der Monsunregen. Der Bruder hatte kein Flach- oder Ziegeldach, sondern für mich ein *Golfdach* – ein Dach mit 18 Löchern, durch das der Regen lief. Klatschnass stand ich dann morgens wieder vor der Tür von Gustavo. Der hatte nur einen geflügelten Spruch, den er immer gebrauchte: »*In Cuba Normal.*«

Dann zeigte er mir seine neueste Errungenschaft, einen uralten Plymouth. Dieser wurde wahrscheinlich nur noch von der Farbe zusammengehalten. Innen keine Verkleidung, der Beifahrersitz war eine Holzkiste. Einen Rücksitz gab es nicht. Er lud mich in dieses Vehikel ein und wollte mit mir eine *Spritztour* machen. Das kann man wörtlich nehmen. Das Einzige, was spritzte, war Wasser gegen die Windschutzscheibe, die voller Risse war. Links am Holm der Fahrertür, der durchgerostet war, hatte er eine Zweiliterflasche mit Benzin angebracht. Von der Flasche lief ein Schlauch mit dem Benzin an den Vergaser.

Jeder TÜV-Prüfer hätte sich bei Betrachtung dieser Konstruktion erschossen. Ich erspare mir hier weitere Details. Das glaubt sowieso niemand, der noch nie in Cuba war und so etwas selbst gesehen hat.

Er hatte Glück und fand noch einen Dummen, der glaubte, aus Prestigegründen unbedingt so einen »Oldie« *fahren* zu müssen.

Durch ihn lernte ich in Cuba das wirkliche Leben kennen. Wo man Essen oder Benzin organisiert, wie man sich vor Betrügereien schützt, wie man sich gegenüber der Obrigkeit verhält, was man wo sagen kann und darf, wie man von A nach B kommt, wer was hat oder besorgen kann. Er brachte mir das Fischen mit Netz und Angel bei, zeigte mir die besten Jagdgründe. Er stellte mich all seinen Freunden und Bekannten als seinen deutschen Bruder vor, nahm mich zu allen Festen und Einladungen mit und zeigte mir alle Kniffe, die den cubanischen Alltag erträglicher machten.

Im Gegenzug nahm ich ihn bei vielen Ausflügen nach Havanna, Santa Clara, Varadero, in die Schweinebucht, nach Holguin oder Cie de Avilla mit. Ich zeigte ihm, wie man in Europa arbeitet und lebt, und unterstützte ihn und seine Familie, teilweise auch seine Freunde, so gut es mir möglich war.

Als Fischer ging ihm auch mancher Lobster ins Netz.

Manche Nacht verbrachte er am Strand und bewachte das Netz. Sehr oft ist es vorgekommen, dass böse Zeitgenossen in der Nacht die Beute gestohlen hatten. Als dann eines Nachts das über 100 Meter lange Netz verschwunden war, war er stinksauer. Er hatte fast zwei Jahre gebraucht, bis er das Netz bezahlt hatte.

Er überlegte lange, wer ihm sein Arbeitsgerät geklaut haben könnte. Er glaubte, es auch zu wissen. Nachweisen konnte er es ihm nicht. Und so kam er auf den verrückten Gedanken zu einem *Babalao*, einem Schamanen, zu gehen. Hier wollte er kraft der *Santaria* dem Dieb einen Denkzettel verpassen.
Der *Babalao* sollte Kräfte einsetzen, um dem Dieb eine Lektion zu erteilen. Gustavo und der Babalao gingen in einen speziellen Raum, kamen nach einer Viertelstunde wieder heraus. Was genau passierte, sagte Gustavo mir nicht. Er strahlte aber über das ganze Gesicht und meinte: »*Ab sofort, ernährt sich der Dieb nur noch von Salz und Brot.*« Ich ließ es mir dann doch genauer erklären. Der Dieb wird in Zukunft nach Aussage von Gustavo kein üppiges Leben mehr führen. Er wird nur noch das Notwendigste zum Überleben haben. Das alles hat ihm der Babalao gesagt. Wenn das mit dem »*kein üppiges Leben mehr führen*« stimmen würde, müssten alle Leute in Gustavos Dorf Diebe gewesen sein.
Francesco, der Babalao, ein Priester der afro-cubanischen Religion – seine Vorfahren stammen aus Haiti – nahm mich dann mit in den Raum, um mir diesen zu zeigen. Der Raum war voller Plakate und Bilder. Sogar der »*röhrende Hirsch*« hing an der Wand. Unzählige Muscheln, Hühnerknochen, ein Glasauge, Halsketten, Puppen, Teller, Wassergläser, Plastikpuppen, Katzenfelle, Pferdeschädel, Zwerge aus Ton, Glasmurmeln, Eier, Wurzeln und vieles, vieles mehr hing, stand oder lag in dem Raum. Und jeder Gegenstand hatte seine Bedeutung. Auch meine Rückenschmerzen, meinte Gustavo, könnte der Babalao wegzaubern. Dankend verzichtete ich auf diese Art von Heilung.
Ich versuchte mich eines Tages als Verkäufer von ein paar Lobstern. Ich besuchte am Straßenrand einen der vielen Kioske und fragte dort einen mir bekannten Barkeeper, ob er Interesse an frischen Lobstern hätte. Nachdem er sie angesehen hatte und wir über den Preis einig waren, kaufte er sie.
Wir tranken noch ein Bier zusammen. Plötzlich, wie von einer Tarantel gestochen, fasste er sich an den Kopf und meinte: »*Es ist doch unglaublich, jetzt kommen schon die Touristen zu uns und verkaufen uns unsere eigenen Lobster.*« Er sprach ein verhältnismäßig gutes Deutsch, da er ein Jahr in Rostock gearbeitet hatte. Ernsthaft fragte er mich: »*Bist du ein 100-Prozent-Deutscher oder bist du Sozialist?*« – Auf Deutsch: »*Bist du ein Wessi oder ein Ossi?*« –

Als ich jetzt Cuba wieder besuchte, war Gustavo nach Ecuador ausgewandert. Er versucht, dort ein neues Leben aufzubauen. Ich werde diesen Teil von Cuba wahrscheinlich nur noch ganz selten besuchen.
Jedem, der das Glück hat, so einen Freund zu finden, kann man nur gratulieren.

Abgezockt – oder – das muss wahre Liebe sein.

Ernst August war stolz auf sich. Er stand wenige Tage vor seinem sechzigsten Geburtstag, und in diesem Alter darf ein deutscher Beamter mit gutem Recht eine Bilanz ziehen.

In Ernst Augusts Fall fiel die Bilanz sehr günstig aus. Was er sich vorgenommen hatte, hatte er erreicht. Er hatte das Abitur am humanistischen Gymnasium mit Bestnoten abgelegt. Er hatte Sprachen studiert – Englisch und Spanisch – in denen er auch unterrichtete. Schon bald würde er in den Ruhestand gehen, und darauf freute er sich.

Das Einzige, das seine gute Laune noch trüben konnte und was er jetzt angehen musste, war das Fehlen einer Frau in seinem Haushalt. Wie die aussehen sollte, das wusste er nicht so genau.

Auf einer Studienreise im Ferienmonat Juli nach Cuba ist es dann passiert. Ernst August sah dieses außerirdische Wesen in einer Tanzshow innerhalb des Hotels. Mit geübtem Blick sah die cubanische *Tanzmaus*, dass Ernst August ein williges Opfer wäre. Sie flirtete mit ihm, wie es nur die dunklen Schönheiten in der Karibik können. Ernst August vergaß seine schwindende Haarpracht und war hin und weg. Er glaubte, im Paradies angekommen zu sein.

Leider musste er am nächsten Tag bereits wieder nach Deutschland fliegen. Obwohl er nur ein paar Stunden mit Areli zusammen war und außer Händchenhalten nichts passierte, war es um ihn geschehen. Er war verliebt wie ein Primaner. Sein Kopf und sein Körper ließen ihn flugs an die Zukunft denken. Mit Schmetterlingen im Bauch reiste er zurück. Klar denken konnte er nicht mehr.

Areli war ohne Zweifel die Frau seines Lebens. Sie und keine andere würde er heiraten. Was immer er sich an Schönheit auszudenken vermochte, die junge

Areli – halb so alt wie er selbst – bot es ihm büschelweise: Dies war seine Frau und sie würde es für immer bleiben. Der Preis? Ernst August hatte sich außer in seiner Schule noch nie um Preise gekümmert. Er tat es auch jetzt nicht.

Aus Deutschland telefonierte er täglich mit seiner karibischen Braut. Beide beklagten am Telefon ihre Einsamkeit. Die monatliche Telefonrechnung kam mittlerweile teurer als ein weiterer Cubaflug. Ernst August sprach erstmals vom Heiraten.

Am Telefon erzählte Areli, dass sie ohne ihn nicht mehr leben könne und sich von ihrem Mann sofort scheiden lassen würde, um nur noch mit Ernst August zusammen zu sein. Sie sei – so sagte sie – bereits aus der gemeinsamen Wohnung der Familie ausgezogen und habe sich eine eigene Wohnung gesucht. Allerdings koste diese Wohnung weit mehr als sie angenommen hätte. Ernst August – ganz Kavalier – zahlte ihr daraufhin monatlich die angebliche Miete.

Später erzählte Ernst August, dass Areli in einer ländlichen Gegend wohnen müsse, da er immer das Krähen von Hähnen beim Telefonieren hörte. Er konnte ja nicht wissen, dass ihr Ehemann Kampfhähne züchtete und diese vor der Haustür in Käfigen lebten.

Außerdem sei sie hochgebildet und habe Tanz an der Universität Havanna studiert. Auch hier irrte er zweimal ganz gewaltig.

Auch als sie ihm sagte, dass ihre Mutter dringend operiert werden müsste, es allerdings an Geld fehle, übernahm Ernst August alle Kosten. Er richtete ihr ein Konto ein und Areli, ihr Mann, sowie die beiden gemeinsamen Kinder und die Oma konnten von dem Geld des Deutschen sehr gut leben.

Was Areli Ernst August nicht erzählte, war, dass sie immer noch mit ihrem Mann in der gemeinsamen Wohnung lebte, und die beiden Tisch und Bett gemeinsam benutzten und sich köstlich über soviel Naivität amüsierten.

Ernst August legte Ende August telefonisch den Heiratstermin fest. Er sollte am Fest der Liebe sein, am 24. Dezember.

Areli versprach, mit Ernst August nach Deutschland zu gehen. Allerdings wollte sie sich absichern. Flugs vermachte der Deutsche ihr die Hälfte seines Zweifamilienhauses. Er bezahlte Notare in beiden Ländern, die den Besitzerwechsel legalisierten. Areli hatte ausgesorgt. Die Nachbarn lachten noch tagelang über den *Yuma* (cubanisch für Ausländer) und den Schachzug von Areli.

Für den Aufenthalt in Deutschland benötigte Areli deutsche Sprachkenntnisse. Ernst August zahlte alle Kurse, aber die meisten konnte Areli nicht besuchen. Beim ersten Mal kamen die Herbststürme dazwischen, beim zweiten Kurs hatte sie Halsschmerzen, beim dritten war erneut die Mutter erkrankt.

Liebe kennt keine Grenzen

Ernst August brachte der Frau seiner Träume dann bei einem Besuch am 24. Dezember eine Ausgabe »Berlitz-Deutsch« und dazu einen I-Pod mit. Leider verschwanden diese Sachen dann spurlos.

Ernst Augusts Cubabild trübte sich ein wenig. Aber da er am gleichen Tage heiratete, hatte er keine Zeit lange darüber nachzudenken, wer diese Sachen gestohlen haben könnte.

Am Vorabend der Hochzeit organisierten die cubanischen Freunde der Braut einen Polterabend. Die Tische bogen sich unter den Speisen. Ernst August, seine Braut, seine Schwiegermutter und die beiden Kinder aßen wie die Scheunendrescher.

Heilig Abend sollte die Trauung sein. Ernst August stand in brütender Hitze mit seinem schwarzen Anzug und Fliege bereits eine halbe Stunde vor dem Termin am cubanischen Standesamt.

Die Braut sagte ihm, er solle schon einmal vorgehen, sie käme dann später nach. Das sei so Brauch in Cuba. In Wirklichkeit sollte er nicht sehen, dass seine Braut immer noch bei ihrem Ex wohnte. Dieser, von Beruf *Babalao*, also ein Schamane, hatte täglich viel Zulauf von Cubanern, die der Santeria huldigten.

Der Bräutigam wurde immer unruhiger. Endlich, eine halbe Stunde zu spät, erschienen die beiden vor dem Beamten, er schwitzend in seinem schwarzen Anzug, sie im strahlend weißen Hochzeitskleid. Sie kam im Taxi. Allerdings alleine, ohne Begleitung und ohne Verwandte.

Ernst August schenkte seiner Areli einen lupenreinen Brillantring, der ihr jedoch nur ein müdes Lächeln entlockte. Sie hatte es geschafft. So leicht hatte es ihr noch keiner gemacht.

Zu den Hochzeitsfeierlichkeiten waren laut Braut über sechzig Personen eingeladen. Da aber keiner kam, wurden kurzerhand alle, die in der Nähe wohnten, zum Essen eingeladen. Die Braut hatte leider *vergessen* – wie sie sagte – die Leute einzuladen. Verständlich, wenn man bedenkt, dass jemand dem Bräutigam hätte sagen können, dass die Braut nach wie vor mit ihrem ersten Gatten zusammenlebte.

Die Flitterwochen verbrachte das Paar im Hotel. Nach dem Frühstück besuchte Areli täglich, aber immer alleine ihre beiden Kinder und ihren Ex-Mann. Bei der Sylvesterfeier stellte Areli dann notgedrungen ihren Ex als ihren Tanzlehrer vor. Auch bei dieser Gelegenheit merkte Ernst August immer noch nichts, da er rein essenstechnisch gesehen wieder voll zuschlug.

Areli lernte fleißig die deutsche Sprache. Einen Satz konnte sie bereits: »*Wie heißen Sie?*« Ernst August meinte, dass dies für fünf Monate deutsch lernen ein bisschen wenig sei und schickte ihr monatlich noch einen größeren Betrag, damit sie Einzelunterricht nehmen konnte.

Und so konnte der ach so verliebte *Yuma* nur weiterhin von seiner karibischen Traumfrau aus Cuba träumen und wusste nicht, dass er ausgenommen wurde wie die berühmte Weihnachtsgans.

Mittlerweilen hat er seine Frau wieder besucht. Er wollte sich nicht nur von ihren Sprachfortschritten überzeugen, sondern sie auch mit nach Deutschland nehmen.

Leider legte die deutsche Botschaft in Havanna ihr Veto ein. Ohne Deutschkenntnisse wird das *gelobte Land* für sie auch weiterhin unerreichbar bleiben.

Sie erzählte Ernst August, dass sie, wo sie jetzt wohne, sehr schlecht lerne, da es dort immer sehr laut sei und sie sich nicht konzentrieren könne.

Und wieder griff Ernst August in die Schatulle und spendete 15.000 Euro, damit sie sich eine Wohnung in einer ruhigeren Ecke kaufen könne.

Und so lebte sie nun mit ihren beiden Kindern ein paar Meter von ihrem Ex entfernt, der sie täglich oder besser nächtlich besuchte in ihrer kleinen aber feinen Wohnung. Auch all ihre Freunde und Freundinnen besuchten Areli regelmäßig und amüsierten sich über den einfältigen Deutschen. Eine der Freundinnen – auch mit einem Deutschen aus dem Schwarzwald verheiratet – gab ihr noch entsprechende Abzocker-Tipps.

Sie lernt weiterhin bei einem Privatlehrer die deutsche Sprache und kann bereits einen zweiten Satz: »*Ich möchte ein Auto.*«

Aber wer die Baden-Württemberger kennt, weiß, dass diese nicht so schnell aufgeben. Und so bin ich überzeugt, dass Ernst August Mittel und Wege finden wird, die hochgebildete Tänzerin doch noch von der Zuckerinsel auf die Alb umzusiedeln.

Polterabend

Ständchen am Malecon

Juana mit Freunden an der Kathedrale

Altbau im Christo-Viertel

Vater und Tochter

Der König von Cardenas

Trotz PISA-Studie weiß heute jeder Drittklässler, dass Cuba keine lupenreine Monarchie ist. Trotzdem gibt es in Cuba einen König, und zwar den König von Cardenas. Cardenas muss man nicht unbedingt kennen. Es ist eine Stadt mit 100.000 Einwohnern und liegt etwa 15 Kilometer von dem bekannten Badeort Varadero entfernt. Cardenas wird auch *die Stadt der Kutschen und der Krabben* genannt. Es soll dort über 400 Kutschen geben.

In dieser Kleinstadt also herrscht *König Walter der Erste*. Genauer gesagt, er herrscht nicht, er residiert dort.

König Walter, knapp zwei Meter groß mit Brille und Bart, allerdings ohne den obligatorischen königlichen Bauch, hat es vom kalten Deutschland in die Karibik verschlagen. Von Beruf Arzt, arbeitete er mit einem Kollegen zusammen an der Leine. Richtig – in Hannover. Die Tag- und Nachtarbeit forderten ihren Tribut, und so hängte Walter mit 50 Jahren Arztkittel und Skalpell an den berühmten Nagel.

Die nächsten 25 Jahre wollte er nur noch reisen. Die ersten beiden Jahre ist ihm dies auch gelungen. Dann führte ihn eine Reise nach Cuba. Hier erwischte ihn das Cubavirus. Als Fachmann wusste er, was es mit diesem Virus auf sich hat. Bis heute hat er sich davon nicht mehr erholt.

Viermal im Jahr besucht er die Pirateninsel. Mittlerweile hat er sogar eine cubanische Frau geheiratet, seine Königin. Sie arbeitet in einem artverwandten Beruf und so ergänzen sie sich beide auf das Vortrefflichste. Walter kaufte auf den Namen seiner Frau ein Haus, in dem sie beide glücklich und zufrieden leben. Glücklich und zufrieden nur tageweise, denn ein König hat ja nicht nur eine Frau. Einem König, so glaubte er, stehen auch Konkubinen zu. Und wenn so ein

König Walter

außerkönigliches Verhältnis ruchbar wird, fliegen schon einmal Teller. Nicht die mit dem Wappen und dem Goldrand, sondern die, auf deren Rückseite *Made in China* steht.

Wie das Schicksal so spielt. Auf dem Hinflug von Frankfurt nach Varadero saß vor mir eine Cubanerin mit Tochter und deutschem Ehemann. Als sie mir sagte, dass sie in Cardenas wohnen, erzählte ich ihr von meinem dortigen Bekannten, König Walter. Sie lachte und sagte, dass sie mit Walter lange liiert gewesen sei, bis sie ihren jetzigen Ehemann kennenlernte. Dieser arbeitet bei einer Bank und ist sicherlich finanziell so gut gestellt wie ein Arzt im Ruhestand. Finanzielle Sicherheit ist für eine *Chica*, wie die cubanischen Mädchen genannt werden, fast so wichtig wie die wahre, echte Liebe. Oder muss es heißen, ist noch wichtiger als die wahre, echte Liebe?

Der König und der Boxer

Diese Dame hatte immer den Drang nach Europa. Walter aber wollte von Europa in die Karibik. Da passte es gut, dass ihr jetziger Ehemann nie Lust verspürte auszuwandern. Bis sie sich dann entschieden hatte, *hü* oder *hott*, verging noch eine Zeit. Sie verstand es auf das Trefflichste, einmal *hü* und einmal *hott* zu sagen. –

König Walter residiert in Cardenas nicht im Schloss oder einer Villa, seine Residenz ist das *Rapido*. Am ehesten könnte man es mit einem nach oben offenen McDonald's-Restaurant vergleichen, allerdings fehlt hier alles, was McDonald's hat. Manche Alte können sich noch erinnern, dass hier auch schon mal Hamburger angeboten wurden.

Ein Beispiel: Ich verlangte ein *Bucanero Bier*, »haben wir nicht«, dann bitte ein *Wasser con Gas*, »haben wir nicht«, *ein Brötchen mit Käse*, »haben wir nicht«. Ja, was haben sie denn? Die Antwort kam wie aus der Pistole geschossen: »24 Stunden geöffnet.«

Hier sitzt König Walter immer auf dem gleichen Blechsessel an Tisch 1. Morgens wird er von seinem persönlichen Kutscher abgeholt. Pünktlich zur Öffnung des *Rapido* um 9.30 Uhr steigt er aus der Kutsche, ordert die erste Flasche *Bucanero*, drei hat er bereits zu Hause konsumiert, steckt sich seine vierte würzige und außergewöhnlich teerhaltige Zigarette *H. Upmann* an und wartet.

Seine ersten Schäfchen warten auch schon voller Ungeduld am Südtor. Alle wissen, König Walter hat eine soziale Ader für Schwache. Und so strömen sie, eine oder einer nach der oder dem anderen, zu Walter.

König Walter, braun gebrannt, bis auf seine rechte Hand, die ist weiß wie eine der berühmten Spalt-Tabletten. Ständig steckt er die Hand in die rechte Tasche und zieht je nachdem, wer gerade kommt, eine kleinere oder größere Münze hervor. Der Verteilerschlüssel ist mir bis heute unverständlich, obwohl ich diese Prozedur schon einige Male erleben durfte.

Wenn man einmal ausrechnet, dass er dies insgesamt an etwa 250 Tagen im Jahr macht, weiß man erst, was dieser Mann an Spenden verteilt. Ich schätze etwa 5.000 Euro im Jahr. Dazu kommen noch größere Beträge für einzelne Familien, die wieder eine Summe von ungefähr 15.000 Euro ausmachen.

Gegen 10 Uhr setzt sich ein ehemaliger cubanischer Boxer zu ihm an den Tisch. Der zieht mehrere Wollläppchen aus seiner Tasche und trennt dann die einzelnen Fäden davon. Man sagte ihm, dass dies beruhige, und er die Fäden als Anhänger verkaufen könne. Gegen Mittag verschwindet der Boxer wieder, mitsamt seiner gezogenen Fäden. Die Fäden erinnern Walter täglich an seinen ehemaligen Beruf.

Der König von Cardenas hat mittlerweile schon Dutzende zur *Audienz* empfangen und mit Geld versorgt. Er sitzt weiter auf seinem Eisensessel, betrachtet aufmerksam das Geschehen um sich herum, inhaliert nicht nur seine Zigaretten, sondern auch die stinkenden Abgase der vorbeifahrenden Schrottkarren, was seiner chronischen Bronchitis nicht gerade gut tut.

Huldvoll lächelt er der ein oder anderen Schönheit zu, die auffällig oft durch den Thronsaal *Rapido* schwadronieren und um seine Aufmerksamkeit buhlen. Dank seiner Großzügigkeit und seines Charmes fliegen ihm die Herzen, nicht nur einzelner Damen, sondern auch die von Zwillingen, Müttern und Töchtern zu.

Ganz genau weiß nur er, wer nun seine zweite Drittfrau oder die erste Zweitfrau oder die zweite Erstfrau ist.

Sein Leben in dieser Richtung ist wirklich königlich. Unbestätigten Meldungen zufolge soll die Gattin des Königs in China wieder eine Lkw-Ladung mit Tellern bestellt haben.

Wie er allerdings den Lärm in seiner Residenz aushält, ist für alle Nichtcubaner ein Buch mit sieben Siegeln. Die Musik, die vom Band läuft, hat den Lärmpegel eines startenden Düsenjägers. Gleich neben seinem eisernen Thronsessel steht eine Art Flipper-Gerät. Dieses Ungetüm ist ständig besetzt und gibt alle paar Sekunden schrille Klingeltöne von sich, die wahrscheinlich im benachbarten Florida noch zu hören sind. Dass die Cubaner ein lustiges, lachendes und lautstarkes Völkchen sind, kann man nirgends besser sehen als in einem *Rapido*. Kaum, dass sie sich zehn Minuten vorher gesehen haben, begrüßen sie sich anschließend wieder mit einer Lautstärke, die an Fans eines Rockkonzertes erinnert.

Und König Walter nimmt dies alles mit einer Ruhe und Gelassenheit hin, die nur die Würde des Alters mit sich bringt.

Pünktlich um 15.30 Uhr, also nach rund sechs Stunden, steht der Kutscher vor der Residenz und wartet auf den König, der mit nicht mehr ganz königlichem Schritt und noch weniger huldvoll die Kutsche besteigt. In der rechten Hand eine abgeschabte Leinentasche mit acht edlen Flaschen *Bucanero*, damit am Ende des Tages der König wirklich einen in der Krone hat.

Die Menschen von Cardenas lieben den Deutschen und haben ihm den Titel »*König von Cardenas*« verliehen. In den nächsten Tagen hat er Geburtstag. Seine Freunde werden ihn bestimmt mit einem großen Fest überraschen.

Das Viertel der Friseure

Hier in Havanna gibt es ein Viertel, das man »Viertel der Friseure« nennt.
Angeblich gibt es in diesem Stadtviertel sage und schreibe 30 Friseursalons. Das Wort *Salon* scheint ein wenig übertrieben, denn die meisten der *Hairstylisten* haben ihren *Salon* im Hinterhof oder auf der Straße.
Seit die Regierung das *Geschäft auf eigene Rechnung* erlaubt hat, glauben viele, Haare schneiden und rasieren sei die einfachste Sache der Welt. Auch *waschen und legen* steht auf der Preisliste.
Autowäscher, Plattenleger, Gärtner und viele aus anderen Berufen versuchen sich nun als *Coiffeur*. Selbstverständlich sind aber auch gelernte Friseure tätig. Allerdings braucht es für den Herrenhaarschnitt wirklich nicht soviel Können. Die Männerwelt trägt die Haare Streichholzkopf lang.
Die Investition ist gering. Hauptinterieur: ein Sessel und eine alte Kommode als Ablage. Weiteres Handwerkszeug sind eine Schere, ein Rasiermesser, ein Kamm und ein Spiegel. Noch ein wichtiges Utensil – eine Zahnbürste zum Reinigen des Kamms.
Ja, und heute war weltweit der »Tag der Friseure«. Und hier in Havanna hat man sich wirklich etwas einfallen lassen.
Bereits am frühen Morgen war die Straße pikobello gereinigt und Stände waren aufgebaut. Essen, Trinken und Feiern das wollte man an diesem Tag. Ein Discjockey legte ununterbrochen Platten auf, die Lautstärke war den cubanischen Ohren angepasst, also vergleichbar mit dem Geräusch eines Düsenjägers. Und das Besondere – Künstler war anwesend. Maler und Bildhauer bildeten die Mehrheit. Denn die Kunst hat in Cuba einen hohen Stellenwert. Und die Friseure haben festgestellt, dass man mehr Kunden in den *Salon* bekommt, wenn

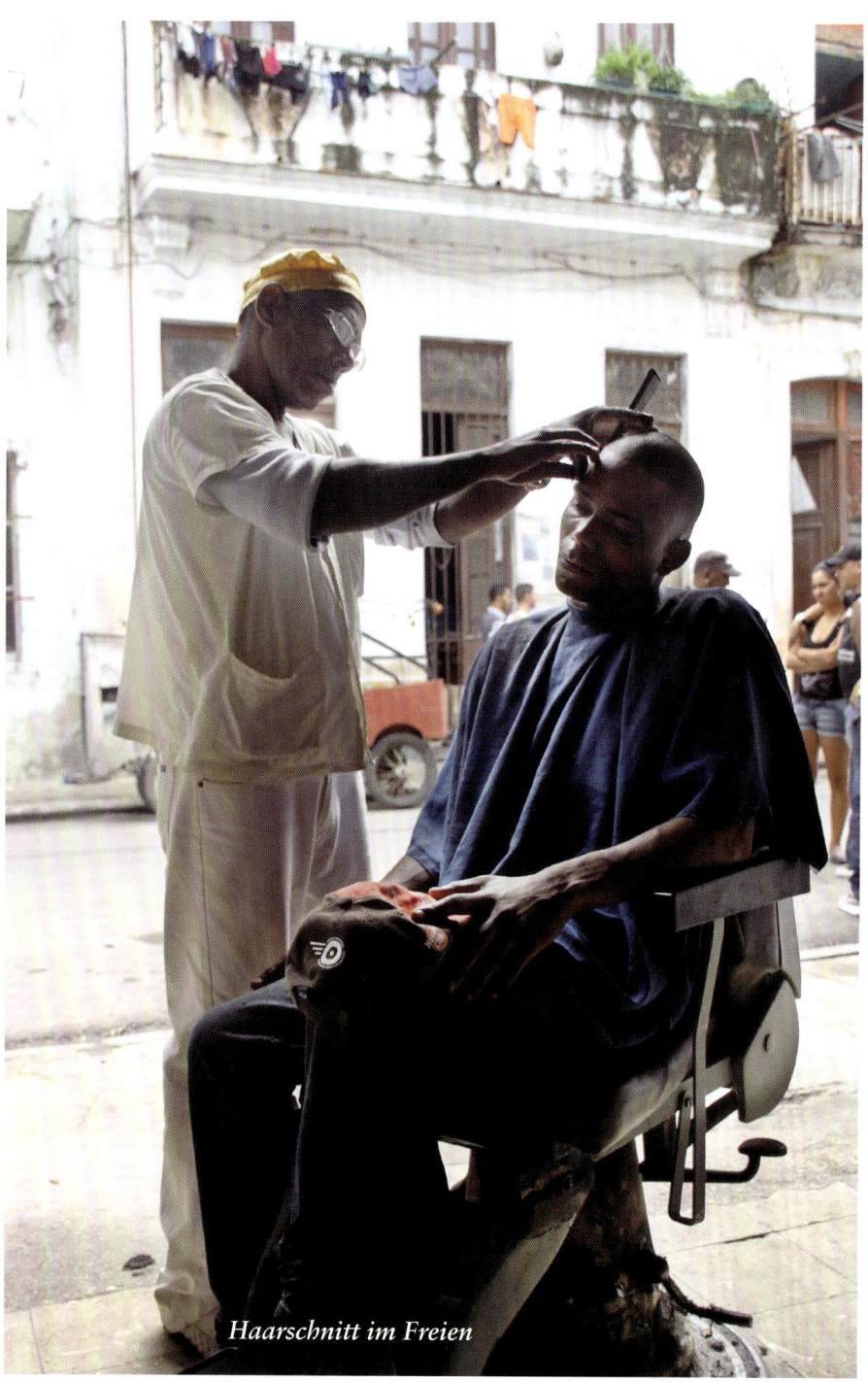
Haarschnitt im Freien

man im Umfeld Bilder oder Skulpturen ausstellt. Aber, auch *Kunst am Kopf* war angesagt. Einige der Haarkünstler traten in einen Wettstreit um den *kreativsten Haarschnitt*. Hier stellten sich viele junge Männer freiwillig den künstlerisch ambitionierten Figaros. Eine Jury, bestehend aus Malern, Bildhauern, Musikern und natürlich auch aus Friseuren, musste aus der Vielzahl der geschnittenen *Kunstköpfe* den kreativsten aussuchen.

Sieger wurde ausgerechnet ein ehemaliger Friedhofsgärtner, der sich in mühevoller Heimarbeit – unter Hinzuziehung aller Familienmitglieder – das Schneiden von Haaren selbst beigebracht hatte. Als Siegerpreis erhielt er einen Pokal in Form eines Einmachglases, das von den anwesenden Künstlern liebevoll bemalt wurde.

Der zweite Sieger erhielt immerhin noch eine funkelnagelneue Zahnbürste zum Reinigen des Kammes und eine Flasche Rum.

Einer sticht aus der Gilde der Haarkünstler hervor. Er hat wirklich ein *Studio*, um nicht zu sagen eine Galerie. Pepe ist ein wahrer *Haarkünstler*.

Mehrere steile Marmortreppen, die durch einen wunderschön bemalten Hausflur steil nach oben führen, muss man überwinden, bevor man vor verschlossener Tür steht. Nach dem Klingeln wird geöffnet. Hier geht alles nach Anmeldung.

In vier Räumen plus Galerie hängen Bilder von verschiedenen cubanischen Malern. Alle Bilder haben das Motiv *Haare*. Der Chef selbst hat allerdings keine mehr. Wie eine Billardkugel so hell, so glatt und ebenso rund ist sein noch junges Haupt.

Sechs Friseure, und eine Kollegin – sehr stilvoll, einheitlich angezogen – verschönern hier die Damen der Oberen Hundert von Havanna.

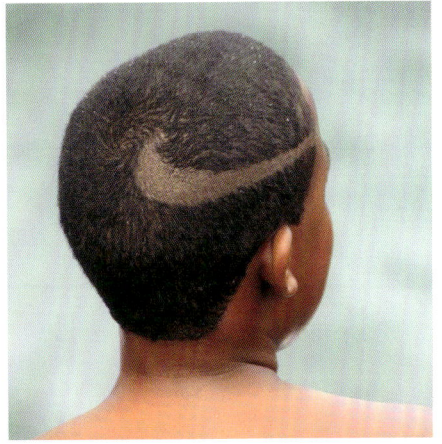 

Schmuckstücke sind die alten, sehr gut erhaltenen Friseurstühle, allesamt amerikanische Fabrikate. Was der Chef hier an altem Friseurwerkzeug zusammengetragen hat, ist erstaunlich. Hunderte von Maschinen, Behältern, Töpfen, Rasiermessern und was sonst noch alles um die Jahrhundertwende für das Friseurhandwerk gebraucht wurde, findet sich hier. Ebenso alte Telefone, Fotoapparate, Briefkästen usw. Dieser *Ausnahmefriseur* könnte sich nicht nur in puncto Einrichtung auf der ganzen Welt behaupten. Chapeau! Wie ein Insider behauptet, gibt es angeblich nur zwei Friseurmuseen auf der Welt. Eines in New York und das andere in Havanna.

Und an diesem Tag der Friseure gab es kostenlose Haarschnitte für 50 Herren. Jeder, der ein Getränk kaufte, erhielt dazu ein Los. Mit ein wenig Glück konnte er mit einem neuen, kostenlosen Haarschnitt den Heimweg antreten. Auch dem heiligen Karl war das Glück hold. Und so verwandelte sich seine schwarze Löwenmähne, kostenlos, wieder in einen zivilisierten Haarschnitt. Ich hatte weniger Fortune und musste für die Verkürzung meines Haupthaares den regulären Preis von umgerechnet 1,20 Euro zahlen. Mit Trinkgeld waren es dann doch noch zwei Euro.

Wie man hörte, soll zukünftig am Tag der Friseure noch mehr Kunst in das Programm eingebaut werden. Verschiedene Musikgruppen sollen den ganzen

Friseur-»Salon«

Tag über spielen und Laienschauspieler den *Barbier von Sevilla* aufführen. Über soviel Engagement kann man nur staunen.

Und an meinem letzten Tag in Havanna lernte ich noch Enrike kennen. Ein Künstler, wenn es um den männlichen Kopf geht. Wäre er bei dem Wettbewerb dabei gewesen, hätte er mit Sicherheit den ersten Platz errungen. Er hat seinen kleinen Laden aber in einem anderen Stadtteil. Er schneidet alle Muster, die man sich vorstellen kann, in die männliche Haarpracht. Von Che Guevara angefangen über Jaguare, Leguane, Chamäleons, Firmenlogos und vieles mehr. Ein Trend, der gewiss auch bald Europa erreichen könnte.

Enrike ist gelernter Friseur. Ein Jahr war er an der Friseurschule in Havanna. Anschließend hat er direkt – mit 19 Jahren – den jetzigen Laden eröffnet. Über mangelnden Zulauf konnte er sich nie beklagen. Aber erst jetzt, wo er auf eigene Rechnung arbeiten darf, geht es ihm finanziell besser. Bestimmt wird er in einigen Jahren ein ganz Großer seiner Zunft sein.

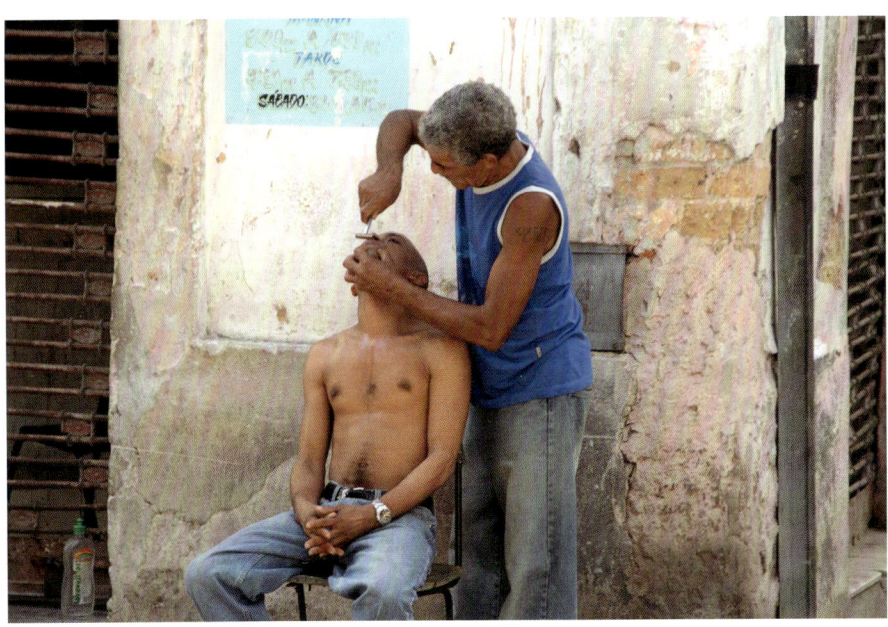

Capitolio

Karibische Lebensfreude

Original oder Fälschung?

Pepe – »Minutero« am Capitolio

Cubas Zukunft

Daisy

Als ich jetzt wieder durch Havanna schlenderte, sah ich sie schon von Weitem.
So aufreizend geht nur eine. Sie setzt nicht einfach einen Fuß vor den anderen, sie wiegt sich bei jedem Schritt in den Hüften und genießt es, wenn die Männer stehen bleiben und ihr nachschauen. Daisy ist auch für cubanische Verhältnisse ein Vollblutweib. Obwohl sie bereits in der Blüte ihres Welkens steht, zieht sie die Blicke der Männer immer noch magisch an.
Ich lernte sie vor knapp zehn Jahren kennen, als sie ihre Schwester und ihren Schwager besuchte. Beide hatten ein kleines Zimmer, das sie an mich vermieteten. Für die Nacht zahlte ich 20 CUC, Frühstück extra 3 CUC. Da die Wohnung in der Altstadt lag, war sie ideal für Ausflüge.
Daisy war am Geburtstag ihrer Schwester zum Kaffee eingeladen. Ich kam mit ihr ins Gespräch und schnell stellte ich fest, dass Daisy, obwohl sie Jura studierte, bisher ohne Arbeit war. Sie strengte sich auch nicht besonders an, da sie wenig Interesse zeigte, Ende des Monats bei täglich acht Stunden Arbeit mit umgerechnet 17 CUC nach Hause zu gehen.
Stattdessen ging sie Abend für Abend an den *Malecon*, die Uferstraße in Havanna, um gut betuchte Touristen kennenzulernen. Auch vor der Casa de La Musica spazierte sie oft auf und ab und wurde so immer wieder eingeladen.
Als sie nun hörte, dass ich aus Deutschland käme, geriet sie ins Schwärmen. Die deutschen Männer scheinen es ihr angetan zu haben. Nicht nur, dass sie recht großzügig seien, auch romantisch und den Frauen gegenüber sehr respektvoll. So wurden die deutschen Männer von ihr geschildert. Bei so viel Lob über meine Landsleute ging mir das Herz auf. Hier in der Karibik scheint man also noch zu wissen, was ein Germane wert ist. Hier ist der Mann noch ein Mann. Oder wenigstens sein Geld.
Besonders einer scheint ihr das Herz gebrochen zu haben. Ihre Augen strahlten, als sie von ihm erzählte. In ihn hatte sie sich tatsächlich verliebt. Dieser Held ihrer Träume machte Urlaub in Cuba und Daisy versüßte ihm seine arbeitsfreien Tage aufs Vortrefflichste. Leider musste er nach einer Woche wieder abreisen. Daisy war für zwei Tage verzweifelt. Aber die Show musste weitergehen, und ein neues Opfer hatte sie sich schon ausgesucht. Zu gerne wäre sie aber mit ihrem Helden nach Deutschland gefahren, um für immer nur für ihn da zu sein. Aber auf all ihre Anspielungen in puncto Besuch in Deutschland wich er ihr aus. Sie glaubte, dass er bereits verheiratet sei. Dies aber konnte er ihr so glaubhaft ausreden, dass sie letztendlich doch noch hoffte, ihn demnächst besuchen zu können. Eine Freundin besorgte ihr die entsprechenden Papiere, die für einen Besuch im Ausland notwendig waren.

Da sie bisher nichts mehr von ihm hörte, bot ich ihr an, wenn ich wieder zu Hause sei, ihn anzurufen und ihm Grüße zu bestellen.

Begeistert stimmte sie zu, lief nach Hause und kam mit einem Foto zurück. Sie erklärte mir, der deutsche Mann hätte ihr erzählt, er sei ein hoher Polizeioffizier und lebe in der Nähe von Frankfurt.

Also für mich sah der Mann auf dem Foto nicht wie ein hoher Polizeioffizier aus. Er hatte ein gütiges rosiges Gesicht, strahlte Ruhe und Zufriedenheit aus und hatte etwas Vertrauensvolles im Blick.

Ich bat Daisy um die Adresse. Als sie mir seine Visitenkarte reichte, fiel ich beinahe vom Stuhl. Der Einfachheit halber nenne ich einen erfundenen Namen, sagen wir *Fritz Meier*. Der Ort, wo er wohnte, war keine Hundert Kilometer von meinem Heimatort entfernt. Unter dem Namen stand: *katholisches Pfarramt* und dabei der Ort.

Kaum zu Hause rief ich beim *katholischen Pfarramt* an.

Eine weibliche Stimme meldete sich, und ich fragte, ob ich Herrn *Fritz Meier* sprechen könnte. Die Antwort konnte mich nicht mehr verblüffen. »*Nein*«, sagte die Dame, »*Hochwürden ist im Moment nicht anwesend.*«

Die Wege des Herrn sind unergründlich.

Als ich bei meinem nächsten Besuch in Cuba Daisy dann aufklärte, dass dies wahrscheinlich eine einseitige Liebe bleiben würde, war ihr positives Bild über den deutschen Mann dann doch arg getrübt. Und das Bild des ach so geliebten Mannes wird wahrscheinlich in der untersten Schublade der Kommode in ihrem Schlafzimmer neben den Heiligenbildchen verstauben.

Und die Asche bleibt uns doch

Sicher wissen Sie, dass Herr Columbus vor mehr als 500 Jahren den Tabak auf Cuba entdeckte. Aber wissen Sie auch, wie solche cubanischen Zigarren hergestellt werden? Ich war nun mehr als drei Dutzend Male auf der Insel und habe durch meinen Freund Emilio, der Chef der Qualitätskontrolle in einer Tabakfabrik ist, Interesse an der Herstellung von Zigarren gefunden.

Zunächst aber bin auch ich, wie viele Touristen vor mir, und wahrscheinlich auch noch viele nach mir, hereingefallen. Wenn Sie arglos durch Havanna

spazieren, wird man sie viele Male ansprechen. *Where do you come from?* Wenn Sie dann Antwort geben, werden sie in lange Gespräche verwickelt, an deren Ende immer wieder die Frage steht *Zigarren, Cohiba, Romeo und Julia, Montechristo* und noch viele andere Zigarrennamen. Natürlich hat der Mann den besten Preis und die beste Ware und garantiert wird er Ihnen sagen, dass entweder sein Vater, seine Mutter, Oma, Freundin usw. in der Zigarrenfabrik arbeiten und so günstig an die Zigarren kommen. Glücklich so einen Menschen getroffen zu haben, erstand ich eine Kiste mit *Cohiba Esplendito* für sage und schreibe 75 US-Dollar. Allerdings hat mein Freund zuhause in Deutschland schon beim ersten Zug festgestellt, dass minderwertiger Tabak verwendet wurde. Als eine der Zigarren bei einem Zigarrenfachhändler aufgeschnitten wurde, stellte sich heraus, dass minderwertiger Tabak und die Rippen von Tabakblättern für die Einlagen mitverwurstet wurden. Seit dieser Zeit kaufe ich meine Zigarren nur noch in der Fabrik. Hier kostet eine Kiste Cohiba zwar knapp 300 Euro, aber sie sind unter Garantie echt.

Gerade die *Cohiba* wird besonders gerne gefälscht, weil sie eine Zigarre von Weltruf ist. Sollte man Ihnen unter 300 Euro eine Kiste mit *Cohiba Esplendito* anbieten, ist sie unter Garantie falsch.

Wie erkennt man jetzt aber, was echt und was falsch ist? Für einen Kenner kein Problem. Aber für Touristen, die gerne ein paar Zigarren mit nach Hause nehmen wollen, ist es schon schwerer. Die wichtigste Regel: *Nie auf der Straße kaufen*. Egal, was man Ihnen erzählt, es ist gelogen. Entweder in der Fabrik oder im regulären Geschäft kaufen! Lassen Sie sich die Zigarren geben, die im Geschäft liegen, und nicht solche, die aus dem Lager geholt werden.

Auch die Teilnehmer meiner Gruppen bitte ich immer wieder, keine Zigarren auf der Straße zu kaufen. Ein Marketingdirektor einer großen Bank musste erkennen, dass es nicht nur Falschgeld, sondern auch falsche Zigarren gibt. Gerade ihn warnte ich mehrfach, da er meinen Warnungen keinen Glauben schenkte und diese immer belächelte. Vier Kisten mit Cohiba kaufte er auf der Straße. Stolz erzählte er mir, dass diese Zigarren hundert Prozent echt seien. Der Verkäufer zeigte ihm einen Ausweis, der beweisen sollte, dass er in einer Zigarrenfabrik arbeitete. Außerdem machte er ihm einen Sonderpreis, wie er sagte, da seine Frau dringend operiert werden müsste, und er das Geld dafür benötigte. Oh, heilige Einfalt.

Noch stolzer zeigte er mir die *Originalrechnung*, vom Verkäufer ausgestellt und von einem Angestellten eines offiziellen Zigarrenfachgeschäftes unterschrieben.

Sagte man ihm. Ich aber sagte ihm, dass die Rechnung so falsch sei wie die Zähne von Jopie Heesters. Er lachte über den vermeintlichen Scherz.

Am Zoll in Varadero wurde das Handgepäck geröntgt. Zwei seiner Kisten befanden sich darin und wurden beschlagnahmt, da die Zigarren natürlich falsch, und die Kisten ohne das vorgeschriebene Hologramm waren. Stolz zeigte er den Zöllnern die Rechnung vor, die beweisen sollte, dass die Zigarren in einem staatlichen Geschäft gekauft wurden. Hier stellte man fest, dass vier Kisten auf der Rechnung standen. Sein Koffer wurde aus der Maschine wieder ausgeladen und man fand zwei weitere Zigarrenkisten. Auch diese wurden einbehalten. Seine Rechnung wurde unter ein Prüflicht gelegt und man zeigte ihm, dass auch diese gefälscht war. Es fehlte ein Kontrollstreifen, den man nur unter diesem Licht sieht. Eine Stunde und dreißig Minuten dauerte diese Aktion. Das Flugzeug erreichte er in letzter Minute. Wie man ja jetzt weiß, gehen die Damen und Herren von den Banken gerne ein Risiko ein.

Betrachten Sie sich die Zigarren genau. Echte Havannas werden in Kisten angeboten, die alle eine Standardgröße haben. Die Kisten haben alle Messingscharniere und eine glatte Lackierung. Außerdem auf der rechten Außenseite ein Hologramm. Die Bauchbinde muss sauber gedruckt sein. Alle Zigarren sind gleichmäßig lang und die hellste sollte immer rechts liegen. Die Bauchbinden lassen sich nur sehr schwer oder gar nicht verschieben.

Falsche Zigarren sind meist ungleichmäßig gefüllt. Solche Zigarren fühlen sich mal hart und oftmals weich an. Echte Zigarren müssen sich durchgehend weich anfühlen.

Was viele auch nicht wissen: Wenn Sie Zigarren auf der Straße kaufen, erhalten Sie selbstverständlich keine Quittung. Wie oben erwähnt, wird bei der Ausreise aus Cuba jeder Koffer sowie das Handgepäck geröntgt. Bereits bei zwei Kisten kann der Koffer geöffnet werden. Sie werden von der Zollbehörde ausgerufen, in einen Raum begleitet und müssen Ihren Koffer öffnen. Man wird Sie nach der Rechnung fragen. Sollten Sie keine vorweisen können, können ihre Zigarren einbehalten werden. Auf jeder Rechnung steht mehrsprachig, dass diese aufbewahrt werden muss. Wie viel Zigarren Sie aus Cuba ohne Rechnung mitnehmen dürfen, ändert sich ständig.

Aber wie entstehen nun diese von allen Kennern geschätzten Havannas? Um dies herauszufinden, beschloss ich, eine *Tabakreise* nach Cuba zu organisieren. Wir besuchten die westcubanische Provinz *Pina del Rio*. Hier wächst der beste Tabak der Welt. Von hier stammen alle großen cubanischen Zigarren. Wir treffen mit einigen Tabakbauern zusammen und unternehmen einen ausgedehnten

Tabakbauer

und fachkundigen Spaziergang durch die Tabakfelder. Wir erfahren, dass die Sämlinge im September in Saatbeete gesetzt werden. Wenn die Pflanzen etwa 14 bis 17 cm groß sind, werden sie auf die Felder umgesetzt. Nach etwa drei Monaten wird die Ernte eingebracht. Man fängt von unten an und pflückt jedes Blatt einzeln, somit sortiert man damit auch gleichzeitig. Die oberen Blätter haben viel Aroma, die unteren wenig, die mittleren sind am allerbesten. Die Blätter werden dann zum Trocknen aufgehängt, und dabei entwickelt sich der erste Fermentierungsprozess. Nach knapp zwei Monaten werden die Blätter wieder sortiert. Die größten und schönsten werden als Deckblätter verwendet, alle anderen werden Einlageblätter.

Nach dem Sortieren werden die Blätter feucht eingewickelt und des öfteren gedreht. Somit erfüllt man einen zweiten Fermentationsprozess. Wiederum werden die Blätter befeuchtet und die große Mittelrippe entfernt.

Der Hauptgang ist das Mischen der einzelnen Tabaksorten. Hier sind Spezialisten gefragt. Durch das Mischen unterscheiden sich die einzelnen Zigarren voneinander.

Auch der Zigarrenroller, *Torcedor* genannt, ist ein wahrer Künstler. Er braucht zur Fertigung der Zigarren ein kleines Brett und ein Messer, das *Chaveta* genannt wird und eine halbmondförmige, scharf geschliffene Klinge hat. Diese

Leute sind, so sagt man, in Cuba mit dem Tabak verheiratet. Sie benötigen viel Talent und viele Jahre, um gute Zigarrenroller zu werden. Allein über ihre Arbeit könnte man ein Buch schreiben.

Nach dem Drehen werden die meisten Zigarren in 50 Rollen abgelegt und bei der Endkontrolle noch einmal auf Qualität geprüft. Anschließend werden sie mit der Bauchbinde versehen, verpackt und zum Versand gebracht.

Und was bleibt, ist die Asche und der blaue Dunst in der Luft.

Pirat der Karibik

Träume in Blech

Die Reise des jungen Che

Er ist einer der bekanntesten Fotografen in Cuba und einer der vier berühmten Revolutionsfotografen – Liborio Noval. Ein sehr guter Freund von *Alberto Korda*, der das weltbekannte Bild von Che Guevara machte. Ich lernte ihn am 85sten Geburtstag von Alejandro Robaina kennen. Sein Markenzeichen: immer eine Zigarre im Mund. So fotografierte er mich auch mit Don Alejandro. Er lud mich am nächsten Tag zu sich nach Hause ein.

Seine Schwester servierte Kaffee und Gebäck, und er zeigte mir verschiedene Alben mit Fotos der Revolution. Dann erzählte er mir von Che. Er sollte ihn fotografieren bei der Zuckerrohrernte. So half er ihm viele Tage bei der Ernte und machte unzählige Aufnahmen von ihm. Che war selbst Fotograf und interessierte sich sehr für die Kamera von Liborio. Augenzwinkernd meinte Liborio: *»Wahrscheinlich war Che aber ein besserer Revolutionär als Fotograf.«*

Bei einem meiner nächsten Besuche brachte ich ihm ein großes Porträt mit, das ich von ihm machte. Ich musste es signieren und er hängte es neben das signierte Foto von Fidel Castro. Er revanchierte sich und schenkte mir einen Bildband mit allen Fotos, die er von der Revolution geschossen hatte.

Kurz zuvor hatte ich in Deutschland den Film *»Die Reise des jungen Che«* gesehen. Ich besorgte mir ein Filmplakat und nahm es mit nach Havanna. Liborio rief dann seinen Freund Alberto Granato an und vereinbarte einen Besuchstermin für mich.

Alberto Granado – mittlerweile weit über 80 Jahre alt – wohnt im Stadtteil Miramar in einem sehr gepflegten weiträumigen Haus. Seine Tochter öffnete die Tür und bat mich, Platz zu nehmen. Es dauerte dann doch noch eine ganze Weile, bis Alberto Granado mich in sein Arbeitszimmer bat. Das ganze Zimmer

Alberto Granado

ist voller Erinnerungen an Che. Viele Fotos hängen an der Wand, das Zimmer strahlt eine gewisse Revolutionsatmosphäre aus. Während seine Tochter Kaffee serviert, erzählt Alberto von der Reise, die er damals zusammen mit Che und seiner *Norton* machte.

Er war damals 29 Jahre alt, von Beruf Biochemiker und wie sein Jugendfreund Che in Argentinien geboren. Beide wollten die Welt kennenlernen. Die Armut, die sie sahen, prägte den späteren Revolutionär Che.

Anfang der 1960er Jahre lud Che Alberto nach Cuba ein, und dieser zog mit seiner gesamten Familie auf die Insel.

Hier in Havanna arbeitete Alberto dann an der Universität.

Über eine Stunde saß ich bei dem alten Herrn, der zwar nicht mehr so ganz fit war, aber immer noch toll erzählen konnte.

Als er das Filmplakat dann in die Hand nahm, sprach er noch ein wenig von den Dreharbeiten und dass es ihm viel Spaß machen würde, noch einmal mit einer *Norton* eine Spritztour zu machen.

Er signierte dann mein Plakat mit den Worten »*Mit revolutionären Grüßen Alberto Granado*«.

Ich schoss noch einige Fotos von ihm und seiner Tochter und versprach, diese bei meinem nächsten Besuch vorbeizubringen. Er freute sich sehr, als ich ihm die Aufnahmen ein Jahr später vorbeibrachte. Und wieder saßen wir bei Kaffee und Gebäck, und er erzählte noch ein wenig aus seinem erlebnisreichen Leben. Als ich im kommenden März wieder dort war, war er einige Tage zuvor verstorben. Ich hätte ihn gerne auf seinem letzten Weg begleitet. Er verfügte jedoch, dass seine Asche in Cuba, Argentinien und Venezuela verstreut werden sollte.

Gerne hätte ich nun auf meinem Filmplakat auch die Unterschrift von Che Guevara gehabt. Aber dieser war ja schon lange tot. Ein alter Revolutionär, den ich kannte, gab mir die Adresse der Ehefrau von Che. So pilgerte ich also mit meinem Filmplakat zu dem Haus, wo Che früher wohnte.

Eine Dame öffnete mir – es war die Enkelin von Che – und sagte mir, dass ihre Mutter nicht zu Hause sei. Als sie von meinem Anliegen hörte, schickte sie mich zu ihrem Bruder Camilo Guevara.

Camilo Guevara arbeitet im Centro de Estudios Che Guevara. Leider sagte man mir, er sei nicht da, ich sollte am Abend wiederkommen. Um es kurz zu machen. Nachdem ich fünf Mal dort gewesen bin, habe ich ihn schließlich getroffen. Auch jetzt war er wieder in Eile, da er gerade zum Flughafen wollte, um eine Reise in die Schweiz anzutreten.

Auch er unterschrieb mir das Filmplakat. Meine Ausdauer hatte sich also doch noch gelohnt. Ich habe nun ein Plakat, das auf der Welt einmalig ist.

Am Abend trank ich einen sehr guten Rum auf das Wohl von Alberto Granado und Camilo Guevara.

Der Tabakpapst

Obwohl er die halbe Welt gesehen hat, und den Luxus der großen internationalen Hotels zu schätzen gelernt hat, saß er am liebsten in einem alten Schaukelstuhl auf seiner Tabakfarm in San Luis im Vinales Tal in Cuba.

Die Rede ist vom bekanntesten Tabakbauern der Welt, *Don Alejandro Robaina*. Heute bin ich gekommen, um mich von ihm zu verabschieden. Vor ein paar Wochen habe ich ihm noch zum 91sten Geburtstag gratuliert. Zufrieden saß er

Don Alejandro Robaina

in seinem Schaukelstuhl, eine Zigarre im Mund, und blies den Rauch genussvoll in den blauen Himmel.

Kennengelernt hatte ich ihn vor vielen Jahren anlässlich meiner *Tabakreise* nach Cuba. Obwohl Freunde mir sagten, dass er keinen Besuch mehr empfängt, bin ich mit einem Taxi von Pinar del Rio aus zur Finca Robaina gefahren. Er stand aus seinem Schaukelstuhl auf, begrüßte mich sehr freundlich und bat mich Platz zu nehmen. Er bot mir eine Zigarre und einen Rum an. Dazwischen kamen seine Frau und seine Schwester, die er mir vorstellte. Über zwei Stunden dauerte der Besuch damals.

Mein nächster Besuch im Jahr darauf war am ersten Weihnachtstag. Es war kein gutes Jahr für Don Alejandro. Seine Frau und sein Sohn starben. Als ich mit einem alten klapperigen Taxi auf den Hof fuhr und er mich erkannte, strahlte sein zerknittertes, von Wind und Wetter gegerbtes Gesicht. Die Begrüßung war außerordentlich herzlich. Ich begleitete den alten Mann, die Ikone der Havannazigarre, auf den hinteren Teil der Veranda. Hier standen die Schaukelstühle. In einem dieser Stühle nahm er Platz und bot mir eine seiner selbst gedrehten Zigarren an. Dankend nahm ich diese entgegen. Da ich aber nicht rauchte, würde ich in Deutschland einen Zigarrenraucher damit erfreuen. Hiroshi, sein Enkel, brachte ihm eine Zigarre, die er mit einem Laserjetfeuerzeug anzündete. Ein Geschenk eines Zigarrenfans aus den USA. Ich revanchierte mich mit einer Flasche Havanna Club Rum, 15 Jahre alt. Sein Sohn Carlos und sein Enkel Hiroshi setzten sich zu uns. Hiroshi hatte ich eine Zündanlage für sein MZ-Motorrad mitgebracht. Teile für diese Maschine gab es nur noch in Berlin und sie sind für Cubaner fast unerschwinglich.

Don Alejandro war an sich ein sehr schweigsamer Mann. Und doch interessierte er sich für meine Reisen im letzten Jahr. Auch er berichtete von seiner jüngsten Spanienreise. Ständig wurden wir unterbrochen, da immer wieder Zigarrenraucher aus aller Welt nach ihm fragten. Bescheiden, aber herzlich begrüßte er jeden Einzelnen, sprach ein paar Worte und ließ sich geduldig mit ihnen fotografieren. Er war viel in der Welt herumgereicht und gewiss millionenfach ins Bild gesetzt worden. Trotzdem schien er sich immer wieder zu freuen, wenn Besucher kamen.

Nur ein paar Meter weiter gab es eine kleine Schule. Es war Schulschluss. Die Kinder kamen alle zu Don Alejandro, um ihn zu begrüßen. Er strich ihnen über das Haar, tätschelte die Wange und sprach ein paar Worte mit ihnen. So, sagte er mir, sei das jeden Tag. Er steckte sich eine Zigarre in sein zerfurchtes Gesicht, stand auf und bat mich ihn zu begleiten.

»Dicke« Freunde

Wir spazierten durch die Tabakfelder, und er erklärte mir die Zusammenhänge des Tabakanbaus. Hier, wo der Tabak unter weißen Tüchern heranwächst, fühlte er sich am wohlsten. Die Ranch hatte er schon vor einiger Zeit seinem Enkel übergeben. Aber selbstverständlich war er immer noch die graue Eminenz. 15 Familien fanden hier Lohn und Brot.

Mittlerweile war es Mittag geworden. Don Alejandro lud mich zum Essen ein. Zur Feier des Tages gab es gegrillte Meerestiere, dazu Bohnen, Salat, gegrillte Bananen, Reis, Maniok und Tomaten. Ich spendierte einige Dosen *Bucanero*, die wir mit Genuss tranken. Als Nachspeise gab es kleine, wunderbar schmeckende Bananen. Ein Tag, der mir immer in Erinnerung bleiben wird. Auch nach dem Essen rauchte er wieder eine seiner Zigarren. Acht Zigarren, sagte mir der *qualmende Oldtimer*, rauchte er jeden Tag. Früher, meinte er, waren es fast doppelt so viele. Ich verbrachte den ganzen Nachmittag mit ihm. Er erzählte mir viel über Tabak. Bei diesem Thema wurde er sehr gesprächig. Politiker, Filmstars, Präsidenten – alle besuchten ihn und wollten mehr über seinen Tabak wissen.

Da ich im letzten Jahr bereits eine Maschine zum Besprühen von Tabakpflanzen wieder zum Laufen gebracht hatte, durfte ich auch dieses Mal wieder eine Maschine nachsehen.

Als Dankeschön überreichte er mir eine Briefmarke, die zu seinen Ehren von der Cubanischen Post aufgelegt wurde, und einen 1,20 Meter hohen Kalender mit seinem Bild und einer Widmung.

Sehr oft besuchte ich ihn in der Folgezeit auf seiner Ranch. Immer lud er mich zum Essen ein. Zu seinem 85sten Geburtstag war ich dann in Havanna im »Havanna Club« eingeladen. Alles, was in Cuba Rang und Namen hatte, war anwesend. Nachdem ich ihm gratuliert hatte, nahm er mich an der Hand und stellte mich den Gästen vor. Und so lernte ich Leute kennen, denen es in Cuba ziemlich gut geht. Zum Abschied schenkte er mir eine Spezialzigarre mit der Banderole »*Robaina 85*«, die extra zu seinem Ehrentag angefertigt worden war.

Jahr für Jahr besuchte ich Don Alejandro auf seiner Finca. Oft alleine, manchmal auch mit Gruppen. Höhepunkt war der 90. Geburtstag, der auch dort gefeiert wurde. Früh am Morgen war ich bereits dort. Gäste aus aller Welt trafen ein. Ich hatte T-Shirts anfertigen lassen mit einer Cubanischen Banknote und dem Konterfei von Don Alejandro, der Wert der Banknote natürlich 90 Peso. Die Kontrollnummer auf dem Geldschein »*20031919*«, die Geburtsdaten von ihm. Auf der Rückseite ganz groß »*101*« als Hinweis, wie alt er einmal werden würde. Sein Sohn, sein Enkel, noch einige aus der Familie und ich trugen diese T-Shirts den ganzen Tag über.

Stargast bei dieser Feier war der Gourmet, Schauspieler, Winzer und Flaschenpinkler Gérard Depardieu. Er kam extra aus Paris, um seinem Freund zu gratulieren. Viele Prominente von Film, Fernsehen, Politik, Wirtschaft und Sport waren anwesend. Musik und Tanz gab es bis weit nach Mitternacht. So ein Fest hatte die Finca seit ihrem Bestehen noch nicht gesehen. Auch Depardieu wollte unbedingt ein T-Shirt anziehen, allerdings scheiterte dies, da das letzte noch freie T-Shirt in der Größe 5XL für »Obelix« zu klein war.

Und dann, ein Jahr später, Don Alejandro wurde vor ein paar Wochen 91 Jahre alt, saß ich bei ihm auf der Veranda und wusste, dass er doch keine 101 Jahre alt werden würde. Der ehemalige cubanische Außenminister Roberto Robaina kam vorbei, um sich von ihm zu verabschieden. Zwei Tage blieb ich auf der Finca. Als Geschenk brachte ich ihm einen Fotoband von seinem 90. Geburtstag mit. Titelbild: *Don Alexandro mit seinen beiden Enkelkindern.* Viele Stunden saßen wir einfach schweigend nebeneinander. Besucher hatte er nicht mehr empfangen. Noch einmal gab ich Don Alejando Feuer für eine seiner geliebten Zigarren. Nach wenigen Zügen lies er sie ausgehen, schaute mich lange an, und gab sie mir. Es war eine der letzten Zigarren, die er rauchte. In Deutschland werde ich sie in Acryl gießen lassen als Erinnerung an einen großartigen Menschen.

Er signierte mir noch zwei Kisten mit Robaina Zigarren, was ihm aber schon äußerst schwer fiel.

Am Nachmittag begleitete ich ihn in sein Zimmer, und bevor er sich auf sein Bett legte, nahm er meinen Kopf in seine Hände, drückte mir einen Kuss auf die Stirn und zwei dicke Tränen rannen seine faltigen Wangen hinab.

Eine Woche später bekam ich einen Anruf aus Cuba, dass Don Alejandro Robaina seine Zigarren nun im Himmel rauchen würde. Ein letztes Mal besuchte ich ihn dann auf dem Friedhof in San Luis, nicht sehr weit von seiner geliebten Finca.

Carlos und Hiroshi Robaina

»Schwätzje« von Zelle zu Zelle

Vater, Sohn und Che

Früh übt sich …

Cuba Life

Montag, 3. Dezember mit Schaden an der Bandscheibe nach Havanna geflogen und am 1. Januar mit Bandscheibenschaden zurückgekehrt. Die Zeit dazwischen gab's nur Hudel.

Aber das wäre zu einfach. Also nach der Nikolausfeier der Gruppe »*Rente & Warm*« im Hotel Am Triller in Saarbrücken ging ich nach Hause, packte meine Koffer und flog am nächsten Morgen um 7.00 Uhr nach Havanna. Diesmal mit *Condor* und einem guten Service. Strahlender Sonnenschein erwartete mich und meine kleine Gruppe von neun Personen. Die Einreisekontrolle war erstaunlich flott erledigt und so waren wir bereits nach einer Stunde in unserem Fünfsterne-Hotel im Herzen der Altstadt. Hier im Hotel gibt es einen Extraraum mit Ärzten und Helferinnen. *(Ich lernte sie alle während meines Aufenthaltes kennen).* Diese wechseln sich jeden Tag ab und arbeiten, wenn sie keinen Dienst im Hotel haben, zusätzlich noch im Krankenhaus. Trotzdem verdienen sie nur etwa 15 Dollar im Monat. Hier werden Touristen ebenso behandelt wie die Hotelangestellten. Und dies für alle kostenlos.

Eine Ärztin lud mich zu ihr nach Hause ein, und so lernte ich wieder eine neue cubanische Familie kennen. Allerdings, wenn ich all das mitbringen müsste, was sie mir aufgeschrieben hatte, müsste ich einen großen Container bestellen. Angefangen vom Abführmittel für ein Baby bis zu einem Neoprenanzug für einen Fischer war alles vertreten. Joana, so hieß die Ärztin, hatte von mir dann einiges zum Anziehen bekommen. Die Sprechstunde wurde zur Modeschau, und sie probierte alles an – sehr zu meiner Erbauung. So stelle ich mir ein Arzt-Patienten-Verhältnis idealerweise vor.

Mitbringen sollte ich auch zwei Blutdruckmessgeräte. Dazu dann noch folgende Geschichte: Da mein Blutdruck angeblich zu hoch war, gab man mir eine gelbe Pille. Diese Pille allerdings wurde auf ein Stück Papier gelegt und zerkleinert. Das Pulver musste ich dann unter die Zunge legen. Zu Pulver wurde die Tablette mit dem Manometer des Blutdruckmessgerätes zerstoßen. Nach zwanzig Minuten war der Blutdruck wieder normal. Ganz schlau war ich immer noch nicht, da ich mich fragte, ob der Blutdruck jetzt wegen des Pulvers herunterging oder hatte das Manometer bei der Prozedur einiges abbekommen?

Vorsichtshalber schickte man mich in ein Krankenhaus und eine der Arzthelferinnen begleitete mich. Wir fuhren mit dem Taxi dorthin. Dem Taxifahrer gab ich zehn US-Dollar. Da die Fahrt zwei US-Dollar kostete, wartete ich auf die Geldrückgabe. Der Fahrer dachte aber nicht daran, etwas zurückzugeben. Er setzte sich ins Auto und fuhr einfach fort. Er sah mir an, dass ich ihm bestimmt nicht nachlaufen konnte.

Der behandelte Arzt sagte mir »*unbedingt kühlen – ständig Eis auflegen*«. Die Ärztin sagte tags zuvor unbedingt warm halten und meinte, mehrmals täglich den im Zimmer befindlichen Fön mit warmer Luft an die schmerzenden Stellen halten. Na ja vielleicht ist ja die Wissenschaft an einem einzigen Tag wieder viel weiter fortgeschritten, als ein Laie ahnen kann. Röntgen war nicht – kein Papier. Aber nach einer sehr gründlichen Untersuchung bekam ich ein Rezept. Darauf standen dann Tabletten. Zurück im Hotel versuchten wir diese Tabletten zu bekommen. Da in fast jedem Hotel eine Krankenstation ist, probierten wir es bei fast allen in der Nähe liegenden Hotels – leider vergebens. Fündig wurden wir in einem Hotel in Miramar. Hier kosteten dann zehn Stück 24 US-Dollar. Die gleichen gibt es in Europa für etwa 5 Euro.

Am nächsten Tag unternahm ich dann erste Gehversuche in der Altstadt. Dabei lernte ich Katja kennen.

Katja, eine 30-jährige Mulattin, hatte sich selbstständig gemacht. Sie arbeitete nun auf eigene Rechnung. Sie verkaufte selbst gemachte Getränke und belegte Brote. Es ist gar nicht leicht die Verkaufsstelle zu finden. Der Hunger half mir. Bei einem Cubanischen Kaffee, einem *cafecito,* und einem mit undefinierbarem Käse belegten weichen Brötchen, einem *Bocadito* (beim Hineinbeißen quietschte der Käse), kamen wir ins Gespräch. Sie arbeitete einige Zeit in der ehemaligen DDR und sprach sehr gut deutsch. Sie schwärmte immer noch von Rostock und erzählte, was es doch dort alles zu kaufen gab. Hier wird sie ständig kontrolliert und kann nichts mehr mit Pesos auf dem Bauernmarkt kaufen, sondern muss alles in Dollargeschäften erwerben. Das Dumme daran: Verkaufen muss sie es, aber wieder für Pesos. Schlimm waren aber die ständigen Kontrollen und die hohen Steuern. Ob der Staat diese Art von Arbeit wieder einstellen will? Die Taktik ist klar: Am Anfang, bei zu viel Unzufriedenheit, wird ein Ventil geöffnet, wenn sich alles wieder beruhigt hat, wird dieses Ventil ganz langsam wieder zugedreht – nach dem Prinzip *Zuckerbrot und Peitsche*.

Am Abend saß ich mit Benjamin und seiner Frau zusammen. Benjamin arbeitet beim Staat. Er lebt mit seiner Frau und seiner Tochter für Cubanische Verhältnisse sehr komfortabel. Ich brachte eine Flasche guten Rum mit, und wir unterhielten uns über Gott und die Welt. Er, ein Getreuer seines Herrn, zählte mir die Vorteile auf, die das Cubanische Volk hat. Bei vielen konnte ich widersprechen, bei einigem musste ich ihm zustimmen. In Cuba, meinte er, muss niemand verhungern. Jeder hat seine »*Libreta*« (Lebensmittelkarte). Auf diese erhält man vom Staat subventionierte Lebensmittel zu sehr günstigen Preisen. Sie reicht aber auch nur für einen halben Monat. Auch die gesamte Gesundheitspolitik ist wirklich einzigartig. Von der Grippe bis zur Herzverpflanzung ist alles kostenlos. Allerdings gibt es fast keine Medikamente.

Auch das Schulsystem ist kostenlos. Keinen Dollar kosten Kindergarten, Schule und Abschluss an einer Uni. Steuern zahlen nur die, die noch einen Zusatzjob haben. Müll, Wasser, Rundfunk – alles frei. Hier muss man allerdings sagen, wie anfangs schon erwähnt, dass alle, die arbeiten, vom Müllmann bis zum Arzt, nur 12 bis 15 Dollar im Monat verdienen. Man kann nur hoffen, dass das Embargo schnellstens aufgehoben wird. Ob es dann jedoch besser wird?

Diesmal wollte ich mehr von Cuba sehen. Ich hatte mir vorgenommen, mit dem Bus bis Santiago de Cuba zu fahren. Leider ging es nur bis zu meinen Freunden nach Varadero. Hier am Strand erholte ich mich. In einer Fabrik für Keramiksachen wollte ich mir ein Souvenir aussuchen. Auch hier traf ich wieder einen Cubaner, der lange in Ostdeutschland gelebt hatte. Er kam mit seinen Kollegen aus einem fast 200 Kilometer entfernten Ort. Sie schliefen und aßen in dieser Fabrik. Freitag abends fuhren sie per Anhalter nach Hause und am Montagmorgen mussten sie wieder um acht Uhr anwesend sein. Es war der Tag vor Heiligabend. Morgen wollte der Mann nach Hause, hatte aber kein Geschenk für seinen zehnjährigen Sohn. Ich konnte ihm dann etwas für ihn mitgeben. Er bedankte sich überschwänglich und meinte, man sollte der ganzen Welt mitteilen, wie man das Volk hier behandelt. Sehr mutig.

Den Heiligen Abend verbrachte ich wieder in Havanna. Abends bin ich in die Altstadt gegangen. Hier wird an diesem Abend überall gefeiert. Musik und Tanz in fast allen Lokalen. Das war nicht immer so. Seit dem Papstbesuch ist alles etwas gelockert worden. Ein kleiner Anfang.

Ständig streifte ich durch die Stadt, um Neues zu entdecken und zu fotografieren. Eines Abends bemerkte ich eine große Aufregung vor dem Theater, viele Menschen und viel Polizei. Mein taubstummer Freund, der Parkplatzwächter, zeigte mir warum. Mit der rechten Hand wies er zum Kinn und zog die Hand nach unten, anschließend legte er zwei Finger auf die linke Schulter. Diese Zeichen sind in Cuba bekannt wie bei uns der *Effenbergfinger*. Die Bedeutung ist einfach, die erste Handbewegung ist ein Bartträger und die zweite zeigt Streifen auf den Schultern. Also Fidel Castro war im Theater. Ich ging dann schnell zu meiner Unterkunft, holte meinen Fotoapparat und flitzte wieder zum Theater. Mittlerweile schien es sich herumgesprochen zu haben, dass Castro im Theater war, denn die Menschenmenge wurde immer größer. Ich schaffte es, dank meines Freundes, bis in die erste Reihe. Fast eine Stunde warteten wir. Dann kam er, blieb am Ausgang stehen und hielt eine Rede. Leider war es diesmal nicht eine seiner berüchtigten Fünf- oder Sechsstundenreden, diese dauerte nur eine halbe Stunde. Filme hatte ich genug dabei, was nicht funktionierte, war das Blitzlicht. Zwei oder drei Mal blitzte es auf, dann war es aber auch schon vorbei. Die

»Quince«-Feier

Batterien waren leer. Da aber nur ganz wenige Touristen anwesend waren, war ich wahrscheinlich der Einzige, der blitzte. Denn, sobald es aufblitzte, standen schon zwei Polizisten neben mir und beäugten mich mit scharfem Blick. Leider sind die Bilder nicht so toll geworden. Nachdem Fidel noch ein paar Hände gedrückt hatte, setzte er sich in seinen Mercedes und verschwand im Dunkel der Nacht.

Einige meiner Bekannten wohnten außerhalb von Havanna in La Lisa. Mit einem Taxifahrer handelte ich einen Preis von 30 US-Dollar für Hin- und Rückfahrt aus. Was mich ein wenig wunderte, an jeder roten Ampel streckte der Fahrer den Kopf unter das Armaturenbrett und ich musste ihm dann sagen, wann es grün wurde, damit er wieder weiterfahren konnte. So ging das, bis wir am Ziel waren. Da mein Bekannter nicht zu Hause war, konnten wir gleich wieder zurückfahren. Als ich zum Taxi kam, strahlte mein Fahrer und sagte, er habe den Taxameter während meiner Abwesenheit ausgebaut und die Rückfahrt gehe jetzt ohne Probleme. Ein Insider erklärte mir anschließend, wie das System funktionierte. Den Taxameter kann man einstellen auf langsam, mittel und schnell. So wird dann auch der Preis angezeigt. Da ich scheinbar gut gehandelt hatte, musste er auf langsam stellen, er stand aber noch auf schnell, deshalb immer den Kopf unter das Armaturenbrett und manipulieren. Von den 30 US-Dollar sagte man mir, konnte der Fahrer so mehr als die Hälfte für sich abzweigen.

Eine ganz andere Erfahrung machte ich als Anhalter. Da ich die Vorstellung grausam fand, mich in einen überfüllten Bus zu setzen, stellte ich mich wie die Cubaner auch an die Straße und winkte. Irgendwann hielt ein uralter Lkw. Ein freundlicher, lachender Cubaner lud mich ein mitzufahren. Allerdings war das Führerhaus schon besetzt und so schwang ich mich auf die Ladefläche. Hier waren schon einige Anhalter, außerdem noch Federvieh, ein paar Ziegen und ein Ziegenbock. Es war drückend schwül und der Fahrtwind milderte den Geruch des Ziegenbocks nur wenig. Anfangs hielt ich mir die Nase zu. Als die Cubaner aber nicht aufhörten zu lachen, machte ich gute Miene und lachte mit. Ich lies eine Flasche Rum rundgehen, spendierte ein paar Dosen Bier und stieg dann glücklich nach ein paar Kilometer wieder von der Ladefläche. Die Erfahrungen eines Anhalters wollte ich unbedingt einmal ausprobieren.

Für die nächste Reise mit einer Gruppe suchte ich noch ein neues Hotel in Havanna. Gustavo und ich besuchten ein Fünf-Sterne-Hotel. Gustavo begleitete mich, um auch ein wenig zu übersetzen. Leider schickte man ihn wieder vor die Tür mit der Bemerkung, für Cubaner sei dieses Hotel nicht zugelassen. Zwei Welten, die nichts miteinander zu tun haben wollen. Selbstverständlich verließ ich dieses Hotel auch sofort. Wir gingen in eine Rum-Bar, wo man noch mit Pesos zahlen konnte. Hier vor der Bar saßen Rentner und boten einzelne Zigaretten oder kleine Päckchen mit Kaffee an. Alles was sich irgendwie zum Verkaufen eignete, wurde verkauft, um die mehr als karge Rente aufzubessern. Hier in der Kneipe kostete der doppelte Rum fünf Pesos. 20 Pesos sind etwa ein US-Dollar. Hinter dem Tresen stand seit vielen Jahren »Papi«, in Anlehnung an den weltbekannten Sträfling *Papillon*. Auch er hat einen Schmetterling auf dem Arm tätowiert. Bei sich manchmal in die Bar verirrende Touristen kostete der Doppelte auch schon einmal zwei Dollar. Die Bar mit dem spanischen Namen Bilbao war sehr urig. Eine Bierfass-große Kasse stand auf einem Schrank hinter dem Tresen. Allein dem Öffnen der Kasse zuzusehen, war einen Besuch wert. Vier alte wacklige Stühle und zwei verrostete Eisentische bildeten das Mobilar. An der Theke sechs verbogene Barhocker. Vier Meter breite vergammelte Rolltore wurden am Abend mit einer Eisenstange heruntergezogen und die Bar ist verschlossen.

Ein alter Mann saß in der Ecke und spielte auf einer verstimmten Gitarre ein aufs andere Mal die Melodie von *»Guantanamera«*. Zwei Rentner, einer davon in einer uralten Armeeuniform, erzählten von damals, als es ihnen noch besser ging. Als es noch billige Zigaretten gab, das Benzin fast umsonst war und man ab und zu noch Fleisch bekommen konnte. Aber der Zusammenbruch des europäischen Sozialismus hat all dem ein Ende gesetzt. Ich spendierte eine Runde Rum und als Dank hörte ich wieder *»Guantanamera«*.

Die Altstadt ist einfach faszinierend. Obwohl die meisten der Häuser baufällig sind, hat sie etwas Besonderes. Was positiv auffällt, ist das Fehlen der Reklameschilder. Jeder scheint hier Zeit zu haben. Die Menschen sitzen vor den Türen oder an den Fenstern. Kinder lärmen und spielen in den Straßen. Die Fassaden der Häuser sind von Salpeter zerfressen, der Putz blättert von den hellgelben, hellblauen, hellgrünen Fassaden ab. Arkaden, Bögen und romantische Innenhöfe machen den Charme dieser Stadt aus. Die meisten Balkone sind entweder herabgefallen oder mit Holzstützen abgestützt, schmiedeeiserne Geländer und Gitter sind zumeist mit Wäschestücken verhängt, überall sind elektrische Leitungen zu sehen, bei denen deutsche Elektriker Gänsehaut bekämen.

Typograf in Cuba

Schlüsseldienst

Sankt Karl

In der Geschichte gibt es viele Karls. Jedem dürfte Karl der Große bekannt sein oder Karl May, Karl Marx, Karl Valentin oder Karl Lagerfeld oder »Karlchen« von RTL. Wer aber ist der »Heilige« Karl?

Erstmals begegnete ich ihm in der Karibik. Um genau zu sein in Cuba oder noch genauer in Havanna. Ich besuchte einen langjährigen Bekannten von mir, seines Zeichens Maler und Bildhauer. Ein Ass auf seinem Gebiet. Berühmt in Cuba und bekannt in Deutschland und der Schweiz.

Bereits beim Eintreten ins Atelier sah ich einen fast zwei Meter großen männlichen Menschen mit entblößtem Oberkörper am Tisch sitzen. Lange schwarze Haare bedeckten Nacken und Stirn, auffallend die große Hornbrille. Ich grüßte ihn auf Spanisch und erhielt den Dank ebenfalls auf Spanisch mit einem seltsamen, aber mir doch bekannten Dialekt. Ich fragte ihn, ob er Deutsch spräche und er antwortete mir: »*Mir Mannemer kenne all Sproche der Welt.*« Dann sagte er mir, dass er Karl heiße und ein Lied nach ihm benannt sei. Blitzschnell schaltete ich und sang es ihm vor: »*Ich bin de Karl, de scheene Karl de schönste Kerl von Frankenthal. Mich hannse gär, mich hann se lieb, ich bin die dabbisch Gellerrieb.*«

Er kugelte sich vor Lachen. Und als ich dann noch sagte, dass ich aus dem Saarland käme, kannte seine Freude keine Grenze mehr. Es stellte sich heraus, dass mein Bekannter, der Maler, eine Zeit bei ihm in der Kurpfalz gelebt hatte, und er mehrere Ausstellungen mit ihm durchgeführt hatte.

Karl, von Beruf Sozialarbeiter und Hobbymusiker, spielt in vier Kapellen, ist auf dem Gebiet der Kunst bewandert wie kein Zweiter. Er organisiert Kunst-Events, vermittelt Musiker und ist ein »*Hans Dampf in allen Gassen*«.

Der Maler Nikolas stellt ihn seinen Freunden immer vor als »*Karl Napf, Cousin des Erfinders der ärmellosen Unterhose*«. Diese brauchen dann immer mehrere Minuten, um den Spaß zu verstehen. Karl ist ein alter Freund des Schriftstellers Henky Henschel, der seit knapp fünfzehn Jahren mit Frau und Tochter in Havanna lebt. Beide verbindet die Liebe zur Kunst. Kennen lernten sie sich in Heidelberg vor einigen Jahren. Henky hatte am Abend eine Autorenlesung und Karl saß in der Fußgängerzone und trommelte sich das Herz aus dem Leibe. Henky lud ihn zu dieser Lesung ein und beide wechselten sich dann auf der Bühne ab. Der Kontakt ist nie abgerissen und so treffen sie sich unregelmäßig in Havanna, freuen sich immer wieder aufs Neue und machen einen Zug um die Häuser, da die meisten Musiker und Künstler ja Antialkoholgegner sind.

Karl erzählte mir dann, dass er wegen der Weiterbildung für drei Wochen nach Cuba gekommen sei. Erst dachte ich, es wäre wegen der Sprache, allerdings lachte er dröhnend und sagte, er bilde sich spirituell weiter. Das wollte ich genau wissen und so erklärte er mir dann, dass er *Chango* sei, und zeigte mir die entsprechenden Ketten mit Glasperlen, die er am Hals und am Handgelenk trug. In der Santaria hat er den Namen *Chango Tola El Fogoso*, also Chango der Feurige.

Hier ganz kurz einige Sätze zur Santaria: Es ist eine afrocubanische Haupt- und Naturreligion. Sie beruht auf überlieferten und oft geheim gehaltenen Mythen. Die Anhänger der Santaria sind meist Mitglieder der katholischen Kirche. Man glaubt, dass die Orishas die Götter in der Santaria sind, Wunder in der Liebe, Gesundheit und beim Gelderwerb vollbringen können. Insbesondere glaubt man an Amulette und die magischen Kräfte in Pflanzen und Kräutern.

Obwohl die Santaria eigentlich eine Religion der Schwarzen ist, kann man sie auch häufig unter den weißen Cubanern beobachten. Auch verschiedene deutsche Universitäten beschäftigen sich mit dieser Religion.

In Cuba traf Karl noch einen weit gereisten Mann, der ebenso fanatisch der Santeria huldigte wie er. Dieser Mann, der aus Haiti stammte, weihte ihn dann innerhalb weniger Tage in die Geheimnisse der »Schwarzen Magie« ein. Hierüber allerdings wollte er nicht reden. Man versuchte ihm das mit der »Schwarzen Magie« noch auszureden, aber scheinbar war die Versuchung für Karl zu groß. Kurz vor seiner Abreise sollte er die höheren Weihen der Santaria bekommen. Er war ziemlich aufgeregt. Für diese Zeremonie benötigte er u. a. auch Zement. Einen Sack Zement in Cuba zu erwerben, zählt zu einer der schwersten Aufgaben im Sozialismus. Karl schaffte es. Außerdem benötigte er noch Münzen aus verschiedenen Ländern, die in den Zement eingegossen werden sollten. Tags darauf erzählte er mir Einzelheiten. Dass er vier Stunden vor einer Wand sitzen musste, zwei Stunden davon mit verbundenen Augen, war noch das Harmloseste. Eine Stelle mitten auf dem Kopf wurde kahl geschoren, angeritzt und Verstand, Weisheit und das erweiterte Wissen der Santeria eingegeben. Ein Hammel und ein Hahn, Feuer und Wachs spielten noch eine Rolle, ebenso noch in Trance fallende Teilnehmer. Einzelheiten erspare ich. In der Santeria hatte Karl jetzt einen weiteren Namen: *En Palo Siete Rayo Venle Battala Vira Mundo*, was frei übersetzt etwa heißt: *Sieben Blitze gewinnen, die Schlacht sieht die Welt*.

Inzwischen war Karl reif, Babalao zu werden, immer im Dienste Changos.

Dann war der Tag der Abreise gekommen. Am Morgen trafen wir uns noch mit Henky. Karl konnte nicht lange bleiben, denn er musste noch packen. Ich sagte ihm, dass die CONDOR in letzter Zeit verstärkt auf das Gewicht beim Handgepäck und beim Koffer achten würde. Voller Gottvertrauen – oder war es Vertrauen auf Chango – schleppte er alles ins Taxi und fuhr mit Nikolas zum Flughafen.

Hier kam dann die Ernüchterung. Übergepäck für 300 Euro. Unter anderem war auch der Zementblock daran schuld. Nun stand also der »heilige« Karl mit nur noch 25 CUC, die er für die Ausreise brauchte, da und wusste nicht weiter. CONDOR ließ sich auf keinen Kompromiss ein. Er als »Chango« musste natürlich die Trommel mitnehmen, ebenso seinen Hausaltar, ohne den er nie verreiste. Von Nikolas hatte er noch ca. 20 Bilder dabei. Auch glaubte er, alle Tinkturen, Kräuter und so weiter müsste er mitnehmen.

Nikolas – obwohl ein exzellenter Maler – war, wie alle Künstler, ebenso knapp bei Kasse wie der »Heilige«. Ich hatte ihm einige Tage zuvor eine Skulptur abgekauft, aber an dem Geld hatten schon viele aus der Familie partizipiert. 50 Euro konnte er dann doch noch hinlegen. Ein Angestellter der CONDOR notierte Nikolas Name und Adresse und würde in den nächsten Tagen bei ihm vorbeigehen und den Rest abholen. Auf diesem Cubanischen Weg wird bestimmt noch etwas zu machen sein.

Der »heilige Karl« bat mich um Geld. Da ich bisher nur negative Erfahrungen beim Verleihen von Geld gemacht hatte, war ich sehr zögerlich, und habe ihm trotz Bedenken meinerseits einen kleinen Betrag geliehen. Der »heilige Karl« schwor hoch und heilig, das Geld schnellstens zurückzuüberweisen. Die Zeitrechnung des Heiligen scheint aber eine andere zu sein als die der Normalsterblichen. Nach einem Jahr habe ich ihm eine Schenkungsurkunde über den geliehenen Betrag geschickt. Ob ich dies als Spende an einen »Heiligen« von der Steuer absetzen kann?

Ach so. Sie möchten noch wissen, wieso Karl der »heilige Karl« genannt wird. Ein ganzes Jahr musste er, als er in die afrocubanische Religion eingeführt wurde, ganz in Weiß gehen. Weißes Hemd, weiße Hose, weiße Schuhe, weiße Mütze, weiße Socken, weiße Jacke, weiße Unterwäsche, weißer Regenschirm usw. usw. Alles musste rein sein, kein Fleck durfte sich an der Kleidung befinden. Welches Waschmittel er dafür benutzte, dass seine Kleider weißer als das weißeste Weiß waren, hat er nicht verraten. So weiß und nicht anders ist Karl ein ganzes Jahr lang durch Mannheim spaziert. Bei Regen und bei Sonnenschein bei Sturm und bei Hagel. Als die Freunde, Kollegen und sonstige Menschen dann wussten, dass Karl aus spiritistischen Gründen so herumrannte, hatte er den Namen »heiliger Karl« für immer weg.

Katja

Ein junger Alter

Über die Diskussion »Sex im Alter« lacht er sich halb tot und fragt: »Wo ist das Problem?«

Er ist bereits 15 Jahre über das Renteneintrittsalter hinaus. Was er hier noch mit den »Chicas« anstellt, ist unwahrscheinlich. Manch jüngerer Mann kann ihm nicht das Wasser reichen. Sein ständiger Spruch: »Muskeln, die man nicht benutzt, erlahmen mit der Zeit.«

Sein Alter sieht man ihm nicht an. Man könnte ihn glatt zehn Jahre jünger schätzen. Mit 14 fing er an zu arbeiten und mit 70 hörte er auf. Natürlich hat der Zahn der Zeit auch an ihm genagt. Seine Augen sind nicht mehr die besten. Vor allem bei Dunkelheit hat er einige Probleme. Seine Knie machen nicht mehr so richtig mit, und er überlegt, ob er sich neue Gelenke leisten soll. Die Bandscheibe hat ihr Soll erfüllt, und auch die rechte Hüfte würde sich über ein Kugellager freuen.

Spazierstock, Gehhilfe, Rollwagen oder etwa Rollstuhl wären für ihn undenkbar.

Er fühlt sich so fit, dass er täglich mit einer seiner vielen Freundinnen *Liebe macht,* wie er sich ausdrückt. Dafür lohnt es sich zu leben, betont er.

Vor allem die Zimmermädchen lieben ihn. Denn er ist nicht nur ein beliebter, sondern auch ein großzügiger Gast.

Vor einigen Tagen hat es ihn beim Liebesspiel mit einer 30 Jahren jüngeren Frau erwischt. Plötzliche Schmerzen in der Schulter. Er musste *abbrechen,* wie er grinsend sagte, da die Schmerzen allzu groß wurden. Trotzdem startete er am Abend einen zweiten Versuch mit dem gleichen Ergebnis: *Abbruch vor Spielbeginn.*

Er ärgerte sich ein wenig, da das Einnehmen der blauen Pillen ganz umsonst gewesen ist. Außer den *blauen*, hat er noch Pillen aus China und zwei weitere Sorten sowie die Spezialpille, die ihm der Arzt verschrieben hat. Mit dieser Chemie in der Schublade des Nachttisches kämpft er unermüdlich an der Liebesfront.
Da die Schmerzen in der Schulter nicht nachließen, besuchte er auf Anraten eines Freundes einen Arzt. Akupunktur sollte helfen die Schmerzen zu lindern. Bereits nach der ersten Sitzung fühlte er sich besser und bestellte für den Nachmittag Freundin Nummer Zwei. Hier lief alles zu seiner und wahrscheinlich auch zu ihrer Zufriedenheit, und zwar zwei Mal, wie er stolz betonte. Die Schmerzen allerdings waren nach dem Vergnügen wieder da.
Nächste Sitzung beim Arzt. Gleiches Ergebnis. Am Abend hatte er wieder Freundin Nummer eins eingeladen. Jetzt wurde er schon langsamer. Nach einigen Minuten intensiver Zärtlichkeit sah er plötzlich einen roten Punkt vor seinem Auge. Ich erklärte ihm später, dass der rote Punkt das Zeichen war, das er auf Reserve läuft und bald der *Treibstoff* zur Neige geht. Da es ihm aber wirklich nicht so gut ging, konnte er über diesen Witz nicht wirklich lachen.
Mehr schlecht als recht brachte er die Nacht hinter sich. Als am nächsten Tag der Arzt die Nadeln setzte, wurde es unserem *Sexymann* schlecht. Der Arzt brachte ihn selbst ins Krankenhaus. Die Untersuchung ergab: Flüssigkeit in der Lunge.
Als ich ihn besuchte, lugte er wie ein Häufchen Elend unter der Decke hervor, an einem Atemgerät angeschlossen, zwei Schläuche in der Lunge und eine Infusionsflasche am Bett. Meine Gedanken: »Hoffentlich geht das gut.«
Als ich ihn am Abend nochmals besuchte, dachte ich, nicht richtig zu hören. Ausführlich beschrieb er mir die körperlichen Vorzüge der Krankenschwester.
Drei Tage später wurde er als gesund entlassen. Bereits am gleichen Abend beehrte ihn eine seiner vielen Freundinnen. Ich fragte ihn einmal: »Wie machst du das denn?«
»Ja«, sagte er, »es spielt sich alles im Kopf ab. Das Kopfkino ist das Viagra des Körpers; das Benzin, das die Hormone tanzen lässt und das Blut in Wallung bringt. Ohne die richtigen Gedanken läuft nichts, da helfen auch alle Pillen nichts.«
Vor einigen Tagen hat es ihn wieder erwischt. Eine junge Dame, direkt vom Land kommend, besuchte ihn, um Geld für eine Bekannte abzuholen. Dieses hatte er von einem Freund aus Deutschland bekommen.
Die cubanische Lady, 30 Jahre alt, verbrachte dann zwei Nächte bei ihm. Er war am Morgen hin und her gerissen. Allerdings musste er sich beim Frühstück

Taxifahrer Ramon

einige Flachsereien anhören, da er so zitterte, dass er mehrmals den Kaffee verschüttete. Er schwärmte wie ein Pennäler von der jungen Dame, das wäre die Richtige für ihn, wenn er doch nur noch ein paar Jahre jünger wäre.
Allerdings waren die Schmerzen jetzt tiefer gerutscht auf die linke Seite. Abbruch in der zweiten Nacht kam jedoch nicht infrage. Tapfer ertrug er den Schmerz bis zum süßen Ende. Leider verließ sie ihn schon am dritten Tag in der Frühe. Völlig niedergeschmettert erschien er zum Frühstück. Die rechte Hand auf die linke Seite gepresst, schnaufend aber mit strahlenden Augen. Am Mittag rief er sie schon an. Begeistert erzählte er, dass sie ihn am Wochenende wieder besuchen würde. Bis dahin werde er ihr treu bleiben.
Es war Dienstag. Bis um 15.00 Uhr hatte er noch mit keiner seiner vielen Freundinnen eine Verabredung getroffen. Aber noch war nicht aller Tage Abend.
Er hielt durch, und wie er sagte, sparte er seine *Kräfte*.
Die junge Dame war pünktlich am Samstag wieder da. Dass sie die Strapazen einer fünfstündigen VIAZUL-Busfahrt auf sich genommen hatte, sprach für unseren Casanova. Weitere Details werde ich nicht preisgeben, nur soviel: »Die hübsche Mulattin strahlte am nächsten Morgen voller Zufriedenheit, was sicherlich nicht nur am Frühstück lag.«
Jedenfalls wird er bis ins hohe Alter der körperlichen Liebe frönen und keinerlei Probleme mit dem »Sex im Alter« haben.
Könnten Sie sich so einen Mann im Altenheim vorstellen?

Chicas mit »Caballero de Paris«

Der Kuss

Cuba Real II

Ich flog von Havanna nach Santiago de Cuba. Es ist schon gewöhnungsbedürftig, mit so einer russischen Maschine zu fliegen. Alles ist sehr eng, man könnte Platzangst bekommen. Beim Sicherheitscheck wurde ich mein Kellnermesser los. Was sie mir nicht abnahmen, war die Dose mit Pfefferspray, mit der man mehr Unsinn machen könnte als mit einem fünf Zentimeter langen Messer. Versehentlich hatte ich beides in der Tasche mit der Reisemedizin.
Neben mir ein ungepflegter, nach Knoblauch riechender Tourist, der sich sofort auf der Armlehne breitmachte und mir ständig in die Rippen stieß – ein sehr nervöser und befremdlicher Mensch.
Ich hatte nur eine Nacht im Hotel gebucht, wollte aber fünf Nächte bleiben. Deswegen gab es Probleme mit der Übernachtung. Angeblich war alles ausgebucht. »Kommen Sie um 12 Uhr wieder«, sagte man mir. Als ich gegen 11 Uhr zur Rezeption kam, waren für drei Nächte wieder Zimmer frei. Allerdings für die letzte Nacht das gleiche Spiel. Wieder alles belegt. Obwohl Nebensaison war und das Hotel halb leer, musste ich wieder mehrmals zur Rezeption und um ein Zimmer bitten, aber letztendlich dann doch auszuziehen.
Das Hotel *Los Amerikas* ist beim Preis-Leistungs-Verhältnis sehr zu empfehlen. Vor allem das Frühstück ist für cubanische Verhältnisse absolut gut. Was mir dann doch auffiel, war, dass viele Cubaner im Hotel entweder Berg- oder Bauarbeiter gewesen sein mussten. Auf fast jedem Teller drei doppelte Brötchen belegt mit Wurst und Käse, ein Omelett aus vier Eiern, etwa zehn bis fünfzehn Fleischklößchen, daneben ein Teller mit Tomaten und vier verschiedene Gläser mit Säften. Und alles wird in einem solch rasanten Tempo heruntergeschlungen, als ob es kein Morgen mehr gäbe.

Am Morgen wollte ich mir ein Moped mieten. Alle Autos und Mopeds vermietet der Staat. Weil der Leiter der Vermietstation vergessen hatte, irgendeine Genehmigung zu besorgen, durfte er kein Moped vermieten.

Das soll einmal einer verstehen. Der Staat könnte durch die Vermietung Geld einnehmen, tut es aber nicht, weil eine Genehmigung fehlt, die er selbst ausstellt. Thomas, ein Freund aus Deutschland, fuhr für zwei Tage nach Guantanamo, und so konnte ich sein Moped benutzen. Ich fuhr allerdings nur durch Santiago und benutzte ein Oldtimertaxi für die Fahrten zum wirklich sehenswerten Friedhof von Santiago und zur Madonna del Cobre, wo die Muttergottes sehr verehrt wird.

Nach vier Tagen flog ich wieder nach Havanna zurück und war froh, dem abgasverseuchten Santiago entkommen zu sein. Durch die engen Straßen quälen sich Lkws und zu Bussen umgebaute Lkws, die den Verkehr aufrechterhalten sollen. Santiago ist auch bekannt für seine Motorradtaxis. Hunderte von diesen Maschinen fahren Tag und Nacht durch die Stadt und befördern Personen. –

In Havanna, in einem Fischgeschäft, wo es keinen Fisch gab, dafür aber Käse, wollte ich mir eine Portion Käse kaufen. Vor mir eine hübsche Cubanerin mit Freund und dreifarbigen Haaren. Sie lebt offenbar nach dem Motto: »Gold und Silber lieb ich sehr, kann es gut gebrauchen.« Lametta von oben bis unten – Weihnachten brauchte dieses Paar sicher keinen Christbaum.

Zunächst beratschlagten sie, welche Sorte Käse sie kaufen wollten. Schließlich entschieden sie sich nach langem palavern für *Gouda*. Ansonsten hätte es noch Edamer aus dem Allgäu gegeben. Die Verkäuferin legte etwa 50 Scheiben auf die Waage. Kurze Beratschlagung mit dem *Weihnachtsbaum* und die Verkäuferin legte noch etwas Käse am Stück dazu. Scheinbar war das Stück zu groß, also runter von der Waage und ein kleineres Stück drauf. Das war zu klein, also ein anderes Stück rausgesucht und auf die Waage gelegt. Erneute Diskussion: *Das Stück liegen lassen – dafür ca. 20 Scheiben entfernen.*

Doch das Gewicht schien immer noch nicht zu stimmen: *Stück entfernen und ein kleineres Stück dazulegen.* Der Mann öffnete den Geldbeutel. Zusammen zählten sie das darin befindliche Geld. Daraufhin: *Alles herunternehmen, zehn Scheiben abwiegen und – endlich – bezahlen.* Die ganze Aktion dauerte etwa eine Viertelstunde.

WOW! In Havanna konnte ich ein Moped für fünf Tage zu 21 CUC mieten. Zwanzig Mopeds könnte er vermieten, sagte mir der Verkäufer stolz. An zwei arbeiteten Mechaniker. Dass es welche waren, sah man an ihren ölverschmierten Gesichtern und ihren Händen.

Ein Moped war bereits *repariert* und wurde mir nach dem Bezahlen ausgehändigt. Da der elektrische Anlasser defekt war, startete einer der Mechaniker die Maschine und wollte sie mir dann weiter geben. Allerdings sah ich, als das Moped gestartet wurde, wie es gleich einen Satz nach vorne machte.

Ich bat ihn, noch einmal zu starten, das Gleiche wieder. Er meinte, das wäre normal, ich müsste gleichzeitig die Bremsen betätigen, damit das Gerät nicht sofort losfährt. Ich erklärte ihm dann, dass er das Standgas regulieren müsse. Beide Mechaniker legten das Mofa auf die Seite und nach circa fünfzehn Minuten war der Schaden behoben.

Zunächst musste ich den Lenker von den Ölspuren, die die Hände des Profis hinterlassen hatten, reinigen. Ich suchte die nächste Tankstelle auf und tankte voll. Bereits hier merkte ich, dass etwas nicht stimmen konnte. Das Vehikel blieb nicht in der Spur und wollte hinten immer ausscheren. Ich schaffte etwa fünf Kilometer. Plötzlich ging nichts mehr weiter. Der Motor lief zwar, aber der Antrieb war hinüber. Der herbeigerufene Chefmechaniker stellte sofort fest, dass die Maschine nicht mehr fährt. Super! Grund: Der Bolzen der Halterung für das Hinterrad war abgerissen.

Nach einer Stunde brachte mir der Mann ein anderes Moped vorbei. Hier, erklärte er mir sofort, müsse ich immer wieder Gas geben, sonst gehe der Motor aus. Außerdem müsse ich mit dem Arm jeweils die Richtung angeben, da die Blinker ausgefallen seien. Wenn ich nun aber nach rechts abbiegen will, aber immer den Gasgriff betätigen muss, damit der Motor nicht ausgehe, wie sollte ich das machen, fragte ich ihn. Er zuckte nur mit den Schultern und sagte: »Cuba.« Wie bei dem vorherigen Modell waren die Tankuhr und der Kilometerzähler auch defekt. Hier allerdings stellte ich gleich fest, dass nur der rechte Bremshebel funktionierte. Also Gas geben und gleichzeitig bremsen und mit dem rechten Arm die Fahrtrichtung anzeigen, alles auf womöglich gleichzeitig. Ich fühlte mich überfordert.

Am nächsten Morgen war dann wieder Tauschen angesagt. Moped Nummer drei. Wie gehabt: Tacho, Tankuhr, Blinker, elektrischer Anlasser, Hupe und Rücklicht – Totalausfall. Nur die Bremsen waren in Ordnung. Allerdings schienen meine Vorgänger einige Stürze vollzogen zu haben, denn Dellen und Schrammen fand ich überall. Alle Mopeds waren »Made in China«. Tapfer quälte ich mich fünf Tage durch den Verkehr von Havanna.

Die Cubaner sind dafür bekannt, alles im Schneckentempo zu erledigen. Alles braucht eben seine Zeit. Nur die Fußgänger in Havanna glauben immer noch, schnell vor einem Fahrzeug die Straße überqueren zu müssen. Haben sie das unfallfrei geschafft, ist wieder Langsamkeit angesagt. Ein Phänomen. Aber gerade diese Unzulänglichkeiten machen den Charme Cubas aus und ziehen mich immer wieder in den Karibikstaat.

Zwei Tage wollte ich in Varadero verbringen. Allerdings verlangte man für den Leihwagen, einen Peugeot 104, pro Tag stolze 85 CUC, plus Versicherung, plus Kaution, plus Benzin und so wäre ich bei knapp 450 CUC gelandet. Das war mir einfach zu teuer.

Mit einem Taxifahrer namens Ramon vereinbarte ich dann eine Fahrt im offenen Wagen nach Varadero. Hier sollte ich nur 100 CUC zahlen und durfte den Wagen auch noch selbst steuern. Allerdings ließ er zwei Termine platzen. Aber da ich weiß, dass es bei einem alten Auto immer wieder Probleme geben kann, hielt sich mein Ärger in Grenzen.

Ramon tauchte dann wieder auf, und erklärte mir, dass ein Reifen geplatzt sei und er nicht fahren konnte. Allerdings fuhr er mich dann – mit neuem Reifen – kostenlos durch Havanna. Eine Bezahlung lehnte er konsequent ab. Er lud mich dann noch zum Essen zu sich nach Hause ein und stand am nächsten Tag wieder vor meiner Tür, um sich für die geplatzten Termine zu entschuldigen. Mit dem Jaguar, Baujahr 1951, – angeblich soll er der Frau von Batista gehört haben – fuhr er mich anschließend zum Flughafen. Ein herrlicher Abschluss einer dreiwöchigen Cubareise.

»Boxen«-Stopp

Einspänner in Cardenas

Aleida liest aus den Karten

Juana, die Cubanerin

Der Platz gehört zu den schönsten der Hauptstadt Havanna. Von der Nordseite aus beherrscht ihn eine Kathedrale, die mehr einem Gebirge ähnelt als einer Kirche. Zu Füßen des Gebirges sitzt Tag für Tag eine schwarze Frau, und auch sie ähnelt, wuchtig, wie sie gebaut ist, einem Gebirge: *Juana la Cuban*a – Juana die Cubanerin. Ihre Umgebung, ihr Stuhl, die Tischdecke – alles Weiß, wie ihr Turban und ihre Kleidung.

Von Beruf ist die weltbekannte 65-jährige Pensionärin aus der Provinzhauptstadt Pinar del Rio Wahrsagerin. Ihr Arbeitsgerät: ein Kartenspiel. Neben ihr sitzt auf einem weiteren Stühlchen, ebenfalls ganz in Weiß, eine hölzerne Puppe aus afrikanischem Ebenholz, *Rufina*.

»Die hilft mir, wenn ich mal etwas nicht richtig erklären kann«, sagt Juana, und tatsächlich wirkt der Blick in dem schwarzen Gesicht so, als sei die Puppe allwissend.

Juana – ihre Großmutter war noch Sklavin – gehört zum nigerianischen Stamm der Joruba, und die sind die Urväter der afrocubanischen Santeria. Die immer bestens gelaunte Frau trägt eine blauweiße Halskette, und das verrät dem, der sich in dieser Religion auskennt, dass sie enge Verbindungen zu Yemayá, der Göttin des Meeres hat. Die springt hilfreich ein, wenn auch Rufina nicht mehr weiter weiß.

Mit der Santerià ist es so eine Sache. Im Pantheon ihrer »Orishas« genannten Götterfamilie geht es oft schlimmer zu als bei den alten Griechen. Da tritt Olofi, der Schöpfer, eines Tages so zurück wie Gerhard Schröder und verschwindet auf Nimmerwiedersehen. Oder Oggùn, der Gott des Eisens, stellt seiner Mutter Yenayà nach und treibt es mit ihr – mit schlimmen Folgen für die ganze Familie.

Trotz ihrer Verbindungen nach Afrika und zu eben dieser Yemayà ist Juana »Tochter« Ochuns, der Göttin der Liebe, des Goldes, des Honigs und des Süßwassers. Und dann hat sie auch noch mit Orula zu tun, dem Besitzer des himmlischen Orakels, dem nur mit den Kaurimuscheln beizukommen ist. Das ist die Welt von Juana la Cubana. Und wie sie so breit da vor der Kathedrale sitzt und manchmal etwas entrückt vor sich hinschaut, nimmt man ihr gerne ab, dass sie in ihren Karten die Zukunft lesen kann. Obendrein ist sie aber auch ein äußerst lustiger Mensch.

»Ich tanze mit meinen 65 Jahren immer noch Rumba und Cha cha cha«, sagte die Oma von zehn Enkeln, und dann fängt sie an zu singen. »Mein Vater wollte, dass ich Sängerin werde«. Ich habe gesagt: »Ihr alle in der Familie habt ein feines Näschen, nur ich habe einen richtigen Zinken, also bin ich die Hexe in der Familie und damit der Chef«.

Dabei ist es die letzten 27 Jahre geblieben. Das Kartenlegen hat Juana übrigens im Schlaf gelernt. Eine spanische Zigeunerin ist zu ihr ins Bett gehüpft und hat es ihr beigebracht. Juana ist nicht einmal aufgewacht.

Mittlerweile hat sie ihr Können an eine ihrer Töchter weitergegeben. An manchen Tagen sitzen sie beide an der Kathedrale, wo man sie nicht nur fotografieren, sondern auch ihren Weissagungen lauschen kann.
Havanna ist reich an skurrilen Gestalten. Juana La Cubana könnte ihre Hohepriesterin sein.

Havanna erleben

»Gerne flieg ich mit nach Havanna«, sagte er mir, »ich habe vor zehn Jahren in Cuba schon einmal mehrere Monate gelebt, aber Havanna kenne ich noch nicht.«

Gleich am ersten Tag zog er alleine los. Er hatte, wie er mir versicherte, an diesem Tage fast 20 Kilometern zurückgelegt und sich dabei eine Blase gelaufen. Am Spätnachmittag des zweiten Tages war dann Besichtigung Havanna angesagt. Wir gingen los und ich konnte ihm einiges Interessantes zeigen. Nach ca. 50 Minuten und zwei Kilometern dann plötzlich der Ruf: »Stopp, ich habe jetzt genug von der Besichtigung ich möchte nicht, dass mir die Blase am Fuß aufgeht«. Und weiter: »Wenn ich auf dem Kopfsteinpflaster gehe, bekomme ich Kopfschmerzen.« Ich merkte, das war heute nicht sein Tag.

Ich bot ihm an, etwa 100 Meter weiter ein Bier zu trinken. Volles Einverständnis von seiner Seite.

Als wir dann zur *Taberna de Muralla* kamen, ein großer Aufschrei: »Hier bleib ich doch nicht, ich will unter Cubaner, hier ist ja alles voller Touristen, das gefällt mir überhaupt nicht, ich bin doch nicht nach Cuba gefahren, um unter Touristen zu sein«, undsoweiter, undsoweiter …

Ich schaffte es, dass wir uns für wenige Minuten an den Tisch setzten und folgendes Arrangement trafen: Jeder macht die nächsten Tage, was er will. Ich erklärte ihm noch, wie er nach Hause kommt und verschwand.

Am nächsten Tag sah ich ihn nicht. Am übernächsten Tag immer noch nicht. Am Abend klopfte ich an seine Tür und er lag im Bett. Er erzählte mir, was zwei Tage vorher passierte. Er fragte einen netten Cubaner, wo man gut cubanisch essen könne, und wo es cubanische Musik gäbe. Der Cubaner ging ein

Stück mit ihm und zeigte ihm ein Lokal. »Hier sagte er, habe ich eine sehr, sehr gute Languste gegessen, für 14 Peso Convertible und ein paar Bier getrunken. Das Essen war super und drei Mann haben Musik gemacht. Dann habe ich noch unterwegs einen Mochito getrunken. Zu Hause hatte ich das Gefühl, man wollte mich vergiften. Ich musste zwei Tage das Bett hüten, hatte Schüttelfrost, Schweißausbrüche und Fieber«.

Ich sagte ihm darauf hin: »Du hattest eine Fischvergiftung, wahrscheinlich warst du im Lokal *Bogello*.« »Jawohl«, sagte er, »so hieß das Lokal«. Und voller Verwunderung: »Woher weißt du, wie das Lokal heißt?« Ganz einfach, dieses Lokal ist das schlechteste in ganz Havanna, und nur Touristen verkehren dort. Auch mich hatte es letztes Jahr erwischt. Ich war mit einem deutschen Koch dort, der auch eine Languste bestellte und diese sofort als ungenießbar zurückgehen ließ. Zahlen musste er trotzdem. Ich habe dann von einem cubanischen Freund erfahren, dass man dieses Lokal meiden sollte. Der freundliche Cubaner brachte ihn dorthin, da normalerweise das Lokal fast leer ist und jeder, der einen Gast bringt, Provision erhält. Außerdem gibt es in diesem Lokal keine Cubaner, da sie sich die Preise nicht leisten können (*14 Peso für eine Languste, soviel verdient ein Cubaner im Monat*). Er saß also wieder mitten unter Touristen.

Einige Tage später spazierte ich durch Havanna und wen sah ich in der *Taberna de Muralla*? – Richtig erraten. – Er war es. Einige Stunden später. Völlig aufgeregt rannte er die Treppe zu seinem Zimmer hoch und sperrte die Tür auf. Leider schaffte er es nicht mehr bis zur Toilette. Wie er mir später sagte, hatte er in dieser Taverne zwei eiskalte Bier getrunken, da diese so hervorragend schmeckten und diese waren ihm auf den Magen geschlagen. Kleine Sünden bestraft der liebe Gott eben sofort.

Bis zu unserer Abreise saß er jeden Abend in der *Taberna de Muralla*, aß entweder Fisch, Hähnchen oder Steak, lauschte der Livemusik und fühlte sich pudelwohl. »Hier«, sagte er mir beim Abschied, »gibt es das beste Publikum, die beste Musik und das beste Essen in ganz Havanna.«

Da ich als Reiseleiter viel gewohnt bin, habe ich auch das unter der Rubrik: »Es gibt nichts, was es nicht gibt«, abgelegt.

Seine Spanischkenntnisse sind ziemlich gut. An einem Sonntag sahen wir am Prado eine Bilderausstellung. Maler und Fotografen hatten ausgestellt. Eines der Fotos zeigte einen alten Mann bei einer Demonstration in Havanna. Er trug einen Hut, daran befestigt ein Fähnchen mit der cubanischen Fahne. Außerdem hatte er ein großes Schild dabei.

Mein Reisefreund fragte mich, ob ich verstanden hätte, was auf dem Schild stand. Ich musste verneinen, da ich das Bild nicht gesehen hatte. Er erklärt es mir. Hier steht: »Busch ist ein Faschist. Hier wird der Honig gegessen«.

Ich erklärte ihm, dass dies für mich keinen Sinn ergäbe. Er meinte: »Das ist doch einfach, was der Mann mit seinem Schild sagen wollte. Hier (in Cuba) ist das Paradies, hier fließen Milch und Honig«. Ich aber sagte: »Gerade das stimmt doch nicht, hier gibt es doch überhaupt nichts.« Er meinte, ob ich schon einmal was von Satire gehört hätte. Das hier wäre Satire vom Feinsten. Aber sagte ich, das gibt doch erst recht keinen Sinn. Der Mann protestiere doch. Mein Reisefreund winkte ab und bestand auf seinen Ausführungen.

Rechts von mir stand eine junge Dame aus Deutschland, die aufmerksam zuhörte. Ich fragte sie, ob sie Spanisch könne und den Text einmal auf Deutsch vorlesen könnte. Gerne sagte sie, hier steht: »Busch ist ein Faschist. Hier haben wir aber keine Angst«.

Und so ergab es einen Sinn. Ich wollte ihm das auch sagen, aber nachdem er hörte, was die junge Dame sagte, war er mir schon weit vorausgeeilt. Ja, man kann ja schon einmal zwei Wörter verwechseln vor allem, wenn Honig und Angst auf Spanisch fast gleich lauten.

In den letzten Tagen bin ich dann wieder alleine durch Havanna spaziert.

*Roberto mit seinem Hund Pillo Chocolate,
dem Maskottchen der cubanischen Baseball-Nationalmannschaft*

La Paloma

Stadt der Toten

»Kennen Sie Wifredo Lam?« – Seine Bilder kosten Millionen und hängen im MoMa in New York. Wifredo Lam, der bekannteste Maler Cubas, hat eine schlichte, einfache Grabplatte auf dem sonst von Prunk überquellenden Friedhof »Christobal Colon« in Havanna.

Lam wurde 80 Jahre alt und starb in Frankreich. Seine Frau war eine Saarländerin. Helena Benitez geboren in Landsweiler-Reden und zuletzt wohnhaft in Saarbrücken. Sie lebte viele Jahre zusammen mit ihrem Mann und Pablo Picasso in Paris. Ich lernte sie vor einigen Jahren an der Fischtheke bei Karstadt kennen. Das Grab von Wifredo Lam ist nur eins von über 53.000 Gräbern die Havannas Friedhof beherbergt. Spaziert man durch die 56 Hektar große Totenstadt, sieht man nicht enden wollende Mausoleen, Pantheons, Tempel und Grabmäler. Eine verschwenderische Pracht. Der Friedhof ist einer der ungewöhnlichsten und prunkvollsten Friedhöfe der Welt. Vergleichbar nur mit dem Friedhof *Saint Louis Cemetery* in New Orleans. Benannt wurde er nach dem Seefahrer Christoph Columbus.

Zur letzten Ruhe gebettet wurden nicht nur Zuckerbarone und Freiheitskämpfer, Arme und Reiche, sondern auch Dichter, Musiker, Schriftsteller und sonstige Künstler.

Auch zwei Deutsche hat es hierher verschlagen. Damals 1870 als Krieg in Europa herrschte, lagen im Hafen von Havanna ein deutsches und ein französisches Kriegsschiff. Beide Kapitäne wollten die Ehre ihres jeweiligen Vaterlandes verteidigen und baten den spanischen Kommandanten von Havanna um die Genehmigung, das Schiff des Kriegsgegners zu versenken. Dieser erteilte die Erlaubnis. Und so fuhr man auf die offene See, und schoss aufeinender, was die

Kanonen hergaben. Beide Schiffe waren anschließend seeuntüchtig und zwei der Krieger bezahlten diesen Irrsinn mit ihrem Leben.

60.000 Touristen aus aller Welt besuchen jährlich diese Stadt der Toten obwohl der Eintrittspreis mit 5 CUC unverschämt hoch ist. Viele von ihnen wissen nicht, ob sie Kitsch oder Kunst sehen. Alle Kunst- und Stilrichtungen sind vertreten. Ob Art Deco, Neogotik oder Neobarock, alles ist zu besichtigen. Über dem Haupteingang stehen die Worte JANUA SUM PACIS – *Ich bin das Tor des Friedens*. Das Tor mit den drei Bögen ist 34 Meter breit und 22 Meter hoch. Die drei Figuren auf dem Tor – der weiße Marmor stammt aus Carrara – stellen die christlichen Tugenden Hoffnung, Glaube und Liebe dar.

Beim ersten Blick über den Friedhof sieht man Engel. Engel in allen Variationen. Engel mit Flügeln, ohne Flügel, mit Trompeten oder Posaunen, mit Gebetbuch oder Rosenkranz. Engel die stehen, sitzen, liegen oder sogar fliegen. Dass es auch Engel mit Hüten gibt, sieht man hier schwarz auf weiß.

An manchen Tagen glaubt man auf einer Schnellstraße zu sein. Täglich finden hier 40 bis 50 Beerdigungen statt. Durch den »Wald« aus Marmor und Granit, aus Statuen mit Engeln, Madonnen, Gekreuzigten, von Tempel und Pantheons begleitet eine unzählige Zahl von alten Autos den Leichenzug zur Kapelle. Verspätete Autofahrer, die unbedingt der Zeremonie beiwohnen wollen, fahren mit entsprechender Geschwindigkeit dem Trauerzug hinterher. Obwohl es ein katholischer Friedhof ist, werden hier auch Protestanten, Anhänger der afrocubanischen Religion oder chinesischen Gläubige bestattet.

In der Kapelle findet die Zeremonie im Viertelstundentakt statt. Ein Priester verabschiedet die Toten im Schnelldurchlauf. Im Hintergrund der Kapelle sieht man das Fresko *Das jüngste Gericht*. Gemalt hat es Miguel Melero, der auch hier beerdigt wurde.

Eines der meistbesuchten Gräber ist das der *La Milagrosa* – der Wundertätigen. Das Grab wird von Menschen aus der gesamten Welt besucht. Der Überlieferung nach klopfte der Ehemann der Verstorbenen beim täglichen Besuch mit einem Messingring an den Grabstein, um sich so bemerkbar zu machen. Ein Ritual, das heute noch von sehr vielen Leuten praktiziert wird.

Amelia Goyri de Adot starb bei der Geburt ihres Kindes. Der Säugling wurde zu ihren Füßen beerdigt. Als das Grab anlässlich des Todes des Schwiegervaters nach mehreren Jahren geöffnet wurde, lag das Kind an der Brust der Mutter, genau in der Position wie die Statue, die ihr Grab zierte und zeigte keinerlei Zeichen der Verwesung.

Eingangstor Friedhof Colombe Havanna

Ein außergewöhnlicher Grabstein ziert das Grab einer Dame, die bei einem Dominospiel einem Herzschlag erlegen ist. Eine Doppel-Drei aus weißem Marmor bedeckt das Grab der Zockerin. Auch ein ehemaliger cubanischer Schachweltmeister liegt auf dem Friedhof. Auf seinem Grab steht kein König oder Turm, sondern eine Dame. Damit wollte er der Nachwelt sagen, dass er nicht nur beim Schachspielen ein Champion war.

Das Mausoleum der Feuerwehrmänner ist das höchste auf dem Friedhof. Es erinnert an die 28 Feuerwehrleute, die bei einem Großbrand in Havanna ums Leben kamen. Das Mausoleum ist reich verziert und wurde von einem Spanier entworfen. Gegenüber wurde eine der schönsten Frauen Cubas mit all ihrem Schmuck beerdigt. Der Ehemann ließ die Gruft ausgießen und legte zentnerschwere Marmorplatten darauf. Grabräuber hatten so keine Chance. Und da es ihn ärgerte, dass das Monument gegenüber höher war, ließ er an der Frontseite zwei Königspalmen pflanzen, die heute weit höher sind als das Denkmal der Feuerwehrleute. So hatte wieder einmal die cubanischen Schlitzohrigkeit gegenüber den Spaniern gesiegt.

Über einem der Gräber weht eine Cubanischen Flagge. Es ist das Grab von Eddy Chibas. Chibas war der Gründer der cubanischen orthodoxen Volkspartei. Er prangerte die Regierung und ihre korrupten Minister an. Während einer Radiosendung soll er Selbstmord begangen haben und wollte so zum Volksaufstand aufrufen. Bei seinem Begräbnis hielt ein junger orthodoxischer Aktivist eine feurige Rede gegen das bestehende Establishment. Es war Fidel Castro, der hier sein politisches Debüt gab.

In einem Gemeinschaftsgrab ruhen die Märtyrer der Granma. Sie waren 1956 mit Fidel Castro losgezogen, um den Diktator Batista zu stürzen. –

Jährlich kommen etwa 20.000 Tote dazu. Die Bekanntesten in den letzten Jahren waren wohl der Fotograf Alberto Korda, dem das weltbekannte Foto mit Che Guevera gelang sowie die Musiker Ruben Gonzales und Ibrahim Ferrer.

Längst werden keine Grabmale und Mausoleen mehr gebaut. Der Friedhof ist ein cubanisches Nationaldenkmal und steht so unter Denkmalschutz.

Havanna und das Ende vom Lied

Freunde, Feinde, Mitmenschen

Und jetzt ist also die Kuh in den Brunnen gefallen. Hin und wieder habe ich mein Gewissen betäubt und angesichts von Verstößen gegen die Bürgerrechte den Mund gehalten. Diese Verstöße anzuprangern, habe ich den anderen überlassen, den internationalen Presseagenturen zum Beispiel. Die hatten den Druck der Aktualität zum Feind. Sie mussten und müssen noch heute in gewissen Abständen Themen aufgreifen, die der Staat hier lieber totgeschwiegen hätte. Von mir erwartet keiner was. Also hielt ich ab und zu still und wurde mitschuldig. Dazu kam, dass Liebe bekanntlich blind macht, und zweifellos liebte ich dieses verrückte Land damals wie heute. Das sollen auch diese Zeilen bestätigen, ihr Freunde und Feinde und Mitmenschen. Sie sind vielleicht die letzten in dieser Sammlung. Immer haben diese Briefe um Verständnis geworben, Verständnis für die absurden Maßnahmen, die dem Cubaner als Lösung für seine unglaublichen und unberechenbaren Probleme einfallen. Niemand außer dem Staatschef weiß, wie viele Wunder es gebraucht hat, um das Schifflein Cuba solange über Wasser und manchmal sogar auf Kurs zu halten. Das Wunder meines eigenen Scherfleins jedenfalls geriet beim Internationalen Pressezentrum auf plötzliche und merkwürdige Weise in totale Vergessenheit. Die Damen und Herren da oben entzogen mir eines schönen Tages schlicht und einfach die Akkreditierung. Diese Maßnahme steht, zumindest was Journalisten angeht, ganz oben auf der Liste der möglichen Repressalien, denn in der Praxis bedeutet sie Berufs- und Arbeitsverbot – teuflisch für einen, der kein Gehalt und keine Rente bezieht.

Erst schob ich das Ganze auf die übliche cubanische Schlamperei. Offenbar hatten sie vergessen, mich auf die Liste derer zu setzen, die weiter arbeiten durften. Dann zeigten höher gestellte Damen im Pressezentrum, dass auch Ärger im Spiel war. Da hatten sie alles hergerichtet für die Zelebration der wenigen Festtage, die sie betrafen, und da gab es einen, der ging überhaupt nicht hin. Die Damen waren persönlich betroffen, und das ließen sie mich spüren. Schließlich ging ich schon lange nicht mehr zu den tödlich langweiligen offiziellen Pressekonferenzen, die sie da veranstalteten. Ich glaube tatsächlich, den Großteil davon könnte ich mir sparen, denn was wichtig war, würde ohnehin am nächsten Tag in der Parteizeitung stehen oder ich hätte bereits darüber geschrieben – in Form von Briefen aus Havanna zum Beispiel.

Im gleichen Jahr bekam ich vom gleichen Staat einen Ausweis, der mich zum dauernden Hierbleiben berechtigte. Weder ich, noch meine Bekanten (die immer weniger wurden statt mehr – ich bin nun mal ein Querkopf) verstanden den Widerspruch. Zwischen den beiden Entscheidungen klafften Welten.

Das Politloch kostete mich bisher Auto und Telefon. Mein Uher-Gerät mit dem Sennheißer Mikrofon gab ich seinem Besitzer, dem Bayrischen Rundfunk, zurück, denn ich durfte schließlich auch keine Interviews für das Radio machen. Ich begann, die Wohnung zu renovieren – mit dem letzten Geld. Ich fühle mich als Opfer der kleinen Politik, und das war ich auch. Ich hoffe, die renovierte Wohnung würde Gäste anziehen, die sie mieten würden. Bisher ist keiner gekommen. Meine Frau, die Mutter meiner Tochter, bewacht nachts ein Museum. Ich werde ihr dabei helfen müssen.

Und das war's dann wohl.

Letzter Gruß aus Havanna
Henky Hentschel

Henky Hentschel studierte Soziologie und Ethnologie. 1970 war er Mitgründer der Großkommune »Release Heidelberg«, der ersten deutschen Drogenhilfeeinrichtung. Auf der italienischen Insel Elba bewirtschaftete er anschließend 13 Jahre lang einen ökologischen Bauernhof.
Er war als Fernsehautor für das ZDF (für Sendungen wie aspekte, Impulse oder für Dokumentationen), den WDR und den Süddeutschen Rundfunk tätig, sowie als Printautor für diverse Zeitschriften (Stern, Spiegel, Playboy, Die Gazette, Tempo, GEO, Merian) sowie verschiedene Tages- und Wochenzeitungen (Die Zeit, Süddeutsche Zeitung, Die Woche, Preußische Allgemeine Zeitung) und andere Medien.
Er veröffentlichte zahlreiche Bücher unterschiedlicher Genres, die sich an Kinder, Jugendliche und Erwachsene richteten, und in denen er seine Faszination für die Karibik oder auch eigene Lebenserfahrungen als Glücksspieler und Aussteiger verarbeitete.
Henky Hentschel lebte und arbeitete seit 1990 in der Karibik (Guadeloupe und Guatemala) und seit 1994 in Havanna.
Henky war ein langjähriger Freund von mir, er verstarb im August 2012.
Ich werde ihn, solange ich lebe, in guter Erinnerung behalten.

Cubanischer Stammtisch

So ein Stammtisch in der Fremde kann sehr hilfreich sein. Meistens sitzen hier die Leute, die bereits mehrfach das Land bereisten oder sogar hier leben. Für viele beginnt der Stammtisch bereits morgens um acht Uhr, da sie sonst keinerlei Beschäftigung haben. Andere kommen gegen Abend und das sind die, die auch etwas erzählen oder einem wie mir Tipps geben können.
Der Volksmund sagt: »Es wird nirgends mehr gelogen als in der Politik und am Stammtisch.« Aber urteilen Sie selbst.
Willi kennt die Welt. Durch seine vielen Schiffsreisen ist er richtig herumgekommen. So hat er Kap Hoorn nicht nur bei Windstärke 13 umfahren, sondern auch bei Windstille, ohne dass es ihm übel wurde. Allerdings hat er die *Fische gefüttert*, als es bei einer Bootsfahrt auf dem Bodensee richtig stürmte. Von seinen Stammtischfreunden wird er liebevoll »*Buc*« genannt. Warum? Sie werden es gleich erfahren.
Willi wird in den nächsten Tagen 75 Jahre alt. Seine Tochter aus dem Ruhrgebiet wird ihn vielleicht besuchen und in Varadero Urlaub machen. Von allen anderen Familienangehörigen will er nichts wissen. Einen seiner Schwiegersöhne hat er besonders ins Herz geschlossen.
»Der hat einen Vertrag mit dem Fundbüro«, erzählte er einmal.
»Wenn der Arbeit gefunden hat, geht er zum Fundbüro und gibt sie ab«. Weiterhin meinte er: »Ich möchte nicht sagen, dass er Alkoholiker ist, aber wenn ich eine Cognacflasche wäre, möchte ich nicht alleine mit ihm im Zimmer sein.«
Seit vielen Jahren kommt er schon nach Cuba. Diesmal blieb er vier Monate hier. Nach zwei Monaten flog er morgens nach Mexiko und war abends wieder zurück, und so konnte er nochmals zwei Monate in Cuba bleiben. Er ist geschie-

den und hat hier eine fesche, junge Freundin, die er sehr zuvorkommend behandelt und bezahlt. Nach Deutschland allerdings möchte er sie nicht mitnehmen. Wie er sagte, war dies seine letzte Cubareise. Nach den 75 Lebensjahren nimmt ihn keine Krankenversicherung mehr auf. Wie es nun weitergehen wird, weiß er selbst noch nicht so genau. In Deutschland wird er sich eine »Lebensendpartnerin« suchen und dann nochmals Schiffsreisen unternehmen.

Er wohnt in einer *Casa particular*, also in einem Privathaus, hat zwei Zimmer und zahlt ca. 400 Euro Miete im Monat. Toll ist die Wohnung nicht, aber er ist zufrieden. Er könnte sich was Besseres leisten, da er von zu Hause aus – trotz Scheidungen – vermögend ist, aber lieber investiert er in *Bucanero*, das würzige herbe Bier. Daher stammt auch sein Spitzname *Buc*.

Sein Kühlschrank ist voll von diesem edlen Gebräu und er, gegen Abend, auch. Gegen 17.00 Uhr kommt er zum deutschen Stammtisch gegenüber seiner Wohnung. Hier wird nicht nur *Bucanero* und *Christal*, sondern auch *Billigbier* in Plastikbechern gezapft.

Es ist der Treffpunkt der Cuba-Experten. Der Namensvetter von Willi, *Willy der Zweite*, der großen Wert auf das »y« am Ende seines Namens legt, kommt seit zwei Jahren her. Er war, wie er immer wieder betont, beim Bundesnachrichtendienst mit Einsätzen in ganz Europa – ein James Bond für Arme. Seinen Erzählungen nach hat er halb Europa gerettet. »Kann leider nicht mehr sagen,

bin Geheimnisträger«, ist seine ständige Redensart. Sein Wissen ist angeblich heute noch gefragt. Lauscht man dem Nonsens, den er erzählt, schätze ich, dass er Aushilfsbote auf der Poststelle im Einwohnermeldeamt von Castrop-Rauxel war und vielleicht einmal einen Brief an die *Schlapphüte* stempeln durfte. Auch er ist ein großer Bucanero-Fan.

Solange die Beiden in Cuba sein werden, wird es in der Brauerei jedenfalls keine Kurzarbeit geben.

Erwin hat es nicht zum James Bond gebracht. Er war, wenn man seinen Ausführungen glauben darf, lange in der Fremdenlegion und anschließend Söldner in vielen afrikanischen Ländern.

Erinnern Sie sich noch an *Ekel Alfred,* der vom Schauspieler Heinz Schubert gespielt wurde? Erwin könnte sein Zwillingsbruder sein, nicht nur vom Aussehen, sondern auch mit seinen Ansichten. Ich kann mir ihn nur schwer in seiner Kampfuniform vorstellen.

Wenn er am Abend in seine Einzimmerbude geht, ähnelt der Gang dem der Enten aus dem nahen Teich. Er watschelt von einer Straßenseite zur anderen. Gut, dass ihn die angeblichen ehemaligen Feinde aus Uganda, Indochina oder Mozambique nicht so sehen können. Lachkrämpfe würden sie schütteln und sie so kampfunfähig machen.

Der Vierte im Bunde ist »*Ebbi*« *Eberhardt,* ehemaliger Schalterbeamter der Bundespost in Karlsruhe. Er hat am wenigsten zu erzählen. Er betont aber immer wieder, wie stressig sein Beruf gewesen ist. Die anderen foppen ihn dann immer mit der Feststellung: »Du hast doch nichts getan, als jeden Tag Briefe gestempelt. Wo ist da der Stress?« Und dann kommt die beamtentechnich, hochinteressante Antwort: »Ja, aber jeden Tag war ein anderes Datum«.

Ebbi macht einen Langzeiturlaub von zwei Monaten und ist zum zweiten Mal in Cuba. Er sagt: »Mit meinen beiden cubanischen Frauen habe ich bisher Pech gehabt. Die Erste ist mir weggelaufen, die Zweite ist geblieben«. Und die Zweite hat ihn bisher auch schon viel Geld gekostet. Schuhe, Parfüm, Kleider und vieles mehr schenkte er ihr am Anfang ihrer Liaison, damals, vor drei Wochen, als die Liebe noch neu und innig war. Mittlerweile haben ihm andere Schönheiten den Kopf verdreht und er wäre froh, wenn er wieder frei wäre. Seine Stammtischfreunde wiesen ihn bereits darauf hin, dass es in Cuba einfacher ist, eine Frau kennenzulernen, als sie wieder los zu werden.

Ebbi will jetzt in einer Nacht- und Nebelaktion umziehen, ohne Hinterlassung einer Adresse, damit er wieder einmal solo ausgehen kann.

August wird er genannt – nach *August dem Starken*, wie er betonte – und er ist einer derjenigen, die bereits um acht Uhr am Morgen am Stammtisch sitzen. Er kommt seit einigen Monaten her, hörte deutsche Worte und setzte sich einfach dazu. Wie er sagte, hat er »das unsoziale Deutschland« satt. »Wollten die doch tatsächlich, dass ich arbeiten sollte.« Tätowiert von Kopf bis Fuß, Nasen- und zwei Ohrringe. Hoch aufgeschossen und nicht unähnlich dem Harpunier *Queequeg*, einem Südseeinsulaner und Kannibalen aus dem Film »Moby Dick«. Mit seinem sächsischen Spanisch stößt er bei den Cubanern ständig auf völliges Unverständnis. Und mit den deutschen Behörden steht er auf Kriegsfuß. Er konnte nicht verstehen, dass seine Sozialhilfe nicht in die Karibik überwiesen wird. Hier in Cuba fühlt er sich besser als zu Hause. Hier, wo es noch »*Sozialismus unter Palmen*« gibt.

Ein *Loser* und Überlebenskünstler. Er lebt mit einer älteren »*Chica*« zusammen, die Tag und Nacht auf die Pirsch nach zahlungsfähigen »*Yuma's*« geht. Hat einmal einer angebissen, so wird der Liebeslohn (circa 20 CUC) von August gleich in Rum oder Bucanero umgesetzt. Wahrscheinlich lebt er illegal hier und sollte man er einmal erwischt werden, wird er ins nächste Flugzeug nach Deutschland gesetzt.

Auch der »*König von Cardenas, Walter*« kommt ab und zu vorbei. Alle stehen dann auf, grinsen sich an und machen einen Diener, und somit geht die nächste Runde Bucanero auf König Walter.

Bernd war Polizist in Deutschland, kam im Urlaub nach Cuba. Die erste Cubanerin, die ihn anlächelte, heiratete er. Er wurde Frühpensionär mit 43 Jahren und lebt nun in der Nähe von Varadero. Da seine Rente nicht so üppig ist und er damit eine ganze Familie ernähren muss, trinkt er nur Bier aus der »*Pipa*«. Dieses Bier ist billig, dünn und geschmacklos und verursacht am nächsten Morgen ein schlimmes Schädelbrummen. Parallel dazu hat er einen kleinen Flachmann mit selbst gebranntem Rum dabei. Unvorsichtigerweise probierte ich einmal einen Schluck. Es schmeckte wie Brennspiritus oder Kerosin. Wahrscheinlich wird dieser Teufelstrunk auch als Brandbeschleuniger benutzt. Diesen Rum kann man nur aus Glasflaschen trinken, Blech- oder Aluminiumgefäße hätten sicher schon Lochfraß.

Und so sitzen sie hier Tag für Tag zusammen, diskutieren, lamentieren und trinken. Sie vergleichen die Verhältnisse in Deutschland und Cuba und wähnen, dass es in Deutschland besser ist, bleiben aber dennoch.

Ja, das Cubavirus!

Suche Wohnung

Was stellen Sie sich unter einem Abenteuer vor?
Barfuß durch den brasilianischen Dschungel oder mit dem Schlauchboot die Niagarafälle bezwingen oder vielleicht leben unter Kannibalen in Papua-Neuguinea?
Alles falsch. Ein echtes Abenteuer für richtige Männer ist es, in der jetzigen Zeit eine Wohnung in Havanna kaufen zu wollen.
Woher ich das weiß?
Nun, ich hab es nicht gewagt, ich würde mir so etwas nicht zutrauen. Ein guter Freund jedoch, ein Mann aus den Bergen der Schweiz, hat es geschafft. Man höre und staune – in nur drei Monaten. Gegen diese Aktion war die Mondlandung ein Kinderspiel.
Vor einigen Jahren verliebte sich mein Freund *Wolfi* in eine hübsche Mulattin. Diese Liebe blieb aber nicht ohne gewollte Folgen. Das Söhnchen ist mittlerweile knapp zwei Jahre alt.
Wolfi wollte nun aus der kalten Schweiz in das doch weitaus wärmere Cuba zu seiner Familie ziehen. Als Bänker und Frührentner konnte er sich dies finanziell erlauben. Eine ganze Weile wohnte er bei seinen Schwiegereltern auf dem Campo. Irgendwann aber hatte er es satt, immer als »*Palästino*« (einer, der mehr als abseits wohnt) belächelt zu werden. Eine Wohnung in der Stadt musste her.
Und hier fängt das Abenteuer an. Er als Ausländer, also als *Yuma*, konnte kein Eigentum erwerben. Yarisa, seine Lebensgefährtin bzw. seine zukünftige Ehefrau, hatte keine Wohnung zum Tauschen. Zu dieser Zeit konnte man in Cuba noch keine Wohnungen kaufen, sondern nur tauschen. Und solche Tauschgeschäfte sind manchmal sehr makaber.

Also, normalerweise wäre guter Rat teuer gewesen. Nicht so in Cuba. Für alles gibt es eine Lösung.

Diese sah folgendermaßen aus: Yarisa suchte sich zusammen mit ihrer Familie und mit Zustimmung von Wolfi, dem zukünftigen Vater ihres Kindes, einen Cubaner, der eine Wohnung hatte. Mit dem Einverständnis beider Männer und einer finanziellen Zuwendung in Höhe des Wertes seiner Wohnung heiratete sie den Cubaner. Eine Hochzeitsnacht gab es in diesem besonderen Falle natürlich nicht. Sie wohnten auch nicht zusammen, was ganz im Sinne von Wolfi war. Nach kurzer Zeit ließ Yarisa sich wieder von ihrem »Mann« scheiden. Da sie in dieser Zeit bereits von ihrem Schweizer Freund schwanger gewesen ist, eilte es mit der Scheidung, da ansonsten der Pseudo-Ehemann einen Teil der Wohnung an das ungeborene Kind hätte abgeben müssen.

Nach der Scheidung erhielt die Frau die Wohnung des Cubaners. Den Kaufpreis hatte ja der Eidgenosse bereits bei der Eheschließung bezahlt. Der »Papierkram« für Hochzeit und Scheidung war sehr umfangreich und zudem musste die übliche »Propina« (Trinkgeld) gezahlt werden. Ein Hin und Her von einer Behörde zu nächsten. Geburtsbescheinigung, Wohnungsnachweis, Unbedenklichkeitserklärung, Arbeits- und Gesundheitszeugnis, und was man sonst noch alles braucht, um in den Hafen der Ehe ein- und anschließend wieder auszulaufen.

Durch die Scheidung waren sie nun glückliche Besitzer einer Wohnung. Einer Wohnung allerdings, die den Ansprüchen der jungen Familie keinesfalls genügte. Aber immerhin, jetzt war Yarisa nicht mehr mittellos, jetzt hatte sie etwas zum Tauschen.

Nun wurden Mittelsmänner eingeschaltet, die eine entsprechende Wohnung suchen mussten, die dem schweizerisch-cubanischen Fast-Ehepaar gefiel. Selbstverständlich erhielten alle ebenfalls ein entsprechendes »*Suchhonorar*«.

Nach rund sieben Tagen hatte einer der Scouts eine passende Wohnung gefunden. Eine Wohnung, die einem Brüderpaar gehörte. Der »Finder« erhielt ein »Extra-Suchhonorar«, das er sich auch redlich verdiente, denn einfach war diese Aufgabe nicht.

Die Brüder verabredeten dann untereinander, dass der Eine dem Anderen seine Wohnungshälfte schenkt. Nach der Schenkung hatte also einer der Brüder eine Wohnung für sich alleine. Diese Wohnung tauschte er – mit einem entsprechenden Aufschlag natürlich, das wiederum der Schweizer bezahlte – gegen die Wohnung, die Yarisa bei der Scheidung erhielt.

In dieser Wohnung wollte er allerdings nicht seinen Lebensabend verbringen. Also suchte er eine Wohnung, die ihm gefiel und die er auch alsbald fand. Seine Wohnung tauschte er dann gegen eine am Malecon, die einem alten Rentner gehörte. Raten Sie einmal, wer den Aufpreis und die entsprechenden Kosten für das Tauschgeschäft für diese »Rentnerwohnung« übernahm. Richtig! Unser Bänker im Ruhestand aus der Schweiz.

Da der andere Bruder aber auch eine Wohnung brauchte, heiratete er die Schwester von Yarisa, die auch, durch eine Scheidung zu einer Wohnung gekommen war. Kurze Zeit darauf ließen sich beide wieder scheiden. Der Ex-Ehemann erhielt die Wohnung. Der Züricher bezahlte der Schwester von Yarisa, also seiner Schwägerin, den Wert der Wohnung sowie alle anderen anfallenden Kosten.

Der andere Bruder hatte nun auch eine Wohnung. Eine allerdings, die er wieder mit einer Witwe tauschte. Den höheren Wert der »Witwenwohnung« und alles, was damit zusammenhing, übernahm wiederum Wolfi.

Was glauben Sie, wie viel Leute bei Ämtern, Behörden und staatlichen Stellen notwendig waren, um dies alles innerhalb von 90 Tagen über die Bühne zu bringen? Yarisa und ihr Fast-Ehemann waren 90 Tage lang nur wegen der Wohnungen unterwegs. Alles andere musste warten. Und auch hier, wie überall auf unserem Erdball: Das Wichtigste ist *Vitamin B*.

Alleine die Trinkgelder waren immens. In der neuen Wohnung stehen nun vier Aktenordner voller Genehmigungen, Absichtserklärungen, Bestätigungen, Vollmachten, Eigentums- und Abtretungserklärungen, Steuerbescheide, Denkmalschutzverfügungen und so weiter.

Nun wohnt also mein Freund Wolfi mit seiner ihm noch nicht angetrauten Cubanerin in einer wunderschönen 130 qm großen Altbauwohnung im Kolonialstil im Herzen von Havanna. Trotz aller Tausch- und Zuzahlungsaktionen ein wirkliches Schmuckstück zum Schnäppchenpreis. Das Gute daran: Alle Eigentumsverhältnisse sind glasklar. Auch in späteren Zeiten wird niemand, außer der jetzigen Eigentümerin, Anspruch auf die Wohnung erheben können. Es sei denn, sie tauschen wieder.

Und so gehört die Wohnung seiner großen Liebe Yarisa. Er allerdings hat nach cubanischem Recht als Vater des Kindes, das Wohnrecht in dieser Wohnung. Und wenn er einmal fünf Jahre dort gewohnt hat, wird es sehr schwer sein, ihm dort wieder zu kündigen.

Dies alles liest sich hier so einfach, aber man muss die Wirklichkeit erlebt haben, um zu wissen, welche Leistungen alle Beteiligten erbracht haben.

Ich wünsche ihm, wenn er einmal seine Yarisa heiratet, dass seine Ehe solange hält, wie manchem Ehemann seine Ehe schon vorkommt. Und sollte der unwahrscheinliche Fall doch eintreten, dass sie sich einmal scheiden lassen, findet sich bestimmt ein männliches Wesen, das eine Wohnung zum Tauschen sucht.

Cumpeleanos

Vielleicht sollte ich doch ein größeres Fest machen? Ich lag noch wach und überlegte, wie ich meinen Geburtstag feiern sollte. Einfach darüber hinweggehen oder so richtig feiern. Normalerweise feiere ich solche Tage nicht. Aber Ausnahmen bestätigen ja bekanntlich die Regel.

Da die Cubaner gerne feiern – ob Hochzeit, Beerdigung, Geburtstag, Kindtaufe oder Ende der Rede des Maximo Leader – habe ich mich dann doch entschlossen, zu feiern.

Mit meinem Freund Gustavo habe ich dann eine Woche vorher alles besprochen und geplant. Ein Schwein sollte gegrillt werden, drei 50-Liter-Fässer Bier gehörten ebenso dazu wie 20 Flaschen Rum der Marke *Havanna Club* und natürlich für die Kinder *Refresco,* bestehend aus Cola, Wasser, Limo und Malzbier.

Ein Nachbar von Gustavo erklärte sich bereit, seinen Garten für dieses Spektakel zur Verfügung zu stellen. Drei Tage, bevor es losging, war Gustavo bereits am Organisieren. Na ja, so sagte er jedenfalls. Denn wieder einmal musste ich feststellen, dass man sich in Cuba hundertprozentig darauf verlassen kann, dass man sich auf nichts verlassen kann.

Am Morgen des *Feiertages* fragte ich Gustavo: »Alles in Ordnung?« Und so wurde ich mit den Tücken des cubanischen Alltages vertraut gemacht.

Der Nachbar sagte kurzfristig ab, als er hörte, dass etwas 150 Personen kommen würden. Obwohl Platz genug, wollte er dann doch nicht, dass seine Toilette von so vielen Leuten benutzt würde. Gustavo hatte nämlich alle in der Straße eingeladen, denen er habhaft werden konnte. So war die Familie seines zukünftigen Schwiegersohnes gleich mit 22 Personen aufgelaufen. Ein Ingenieur, der ihm einmal einen Gefallen getan hatte, kam mit Frau und vier Kindern. Einer der

Nachbarn rief seinen Schwager an, der 30 Kilometer entfernt wohnte. Dieser erschien mit fünf Personen im Schlepptau. Derjenige, der das Fassbier lieferte, brachte auch gleich noch seine ganze Familie mit. Mit allen anderen waren es dann tatsächlich über 150 Personen.

Notgedrungen feierten wir dann auf der Straße. Kurzerhand wurde diese mit Papierfähnchen, die an einem Seil befestigt waren, abgesperrt. Unbegreiflicherweise protestierte dagegen niemand. Alle Autos, Pferdefuhrwerke und Motorräder nahmen einen Umweg.

Zunächst einmal sagte der Bierlieferant ab. Leider sei der Lkw defekt, der die Fässer transportieren sollte. Ich schlug ein Taxi vor. Daraufhin stellte sich heraus, dass überhaupt kein Bier mehr vorrätig war. Fassbier kann man privat in Cuba nicht kaufen. Alles ist für die Gastronomie bestimmt. Es dauerte fast eine Stunde, bis es mir gelang, dank reichlichem *Propina* (Trinkgeld) jemanden zu finden, der jemanden kannte, der trotz aller Widrigkeiten so etwas besorgen könnte. An Trinkgefäße, also Bierbecher, hatte niemand gedacht. Nächste *Propina* – und schon gab es 200 Becher!

Normalerweise gibt es auf dem Lande kein Problem, ein Schwein zu besorgen. Diesmal klappte es nicht. Gustavo sagte mir, dass er seit Tagen unterwegs sei, um ein Ferkel aufzutreiben. In der näheren Umgebung waren alle schlachtreifen Tiere bereits verkauft. Endlich gelang es ihm, am »Festtag«, etwa zehn Kilometer entfernt, in einem Nachbarort, noch ein Schwein zu finden. Es wurde an Ort und Stelle geschlachtet. Leider war keine Transportmöglichkeit vorhanden. So wurde die tote Sau am Fahrrad festgebunden und zum Fest transportiert.

Jetzt fehlte noch *Yuka*. Ohne *Yuka*, sagte mir Gustavo, könne kein Fest stattfinden. Reis und schwarze Bohnen wurden bereits Tage vorher auf dem Markt eingekauft. Yuka gab es nicht. Gustavo und ich schwangen uns auf meinen Leihroller und fuhren los. Gustavo meinte, dass es nur zwei Kilometer weit sei. Ich hätte es wissen müssen. Zwei cubanische Kilometer sind zehn europäische Kilometer. Und so kam es, wie es kommen musste. Das Benzin ging aus.

So standen wir also da ohne Yuka und ohne Treibstoff. Wir hielten einige Autos an, aber keiner konnte helfen. Ein Motorradfahrer hielt an, nahm eine kleine Wasserflasche aus seinem Rucksack, schüttete das Wasser aus und füllte mit dem Benzinschlauch an seinem Motorrad die Flasche auf. Eine Bezahlung lehnte er ab. Gerne nahm er aber die Einladung zur Geburtstagsfeier an. Am Abend haben wir dann zusammen ein Bier getrunken.

Wir fuhren bis zur nächsten Tankstelle. Dort sagte man uns, für Ausländer gäbe es kein Benzin. Auch Gustavo als Cubaner blitzte ab. Wir fuhren weg und ka-

men nach ein paar Metern wieder zurück, da Gustavo sah, dass ein anderer Tankwart am Tanken war. Anstandslos füllte der den Tank und steckte die fünf CUC für das Benzin in die Tasche.

Dann ging die Yukasuche weiter. Gustavo versuchte es unzählige Male. Plötzlich sah er einen Bekannten. Dieser fuhr mit seinem Drahtesel vor uns her bis zu einem Bauern, der Yuka auf seinem Felde hatte. Nach langem Palaver und einem für den Bauern wahrscheinlich sehr guten Preis fuhren wir fast eine halbe Stunde bis auf sein Feld. Endlich! Wir ernteten Yuka frisch vom Feld.

Wieder zu Hause musste ich feststellen, dass sich der Rum selbstständig gemacht hatte. Zehn Flaschen waren bereits geleert. Man hatte das Schwein auf eine Holzstange gesteckt und viele Männer standen drum herum und tranken den Rum, der für den Abend gedacht war.

Dito war verantwortlich für das Grillen. Ich sagte ihm, das Schwein sollte um 17.00 Uhr fertig sein, damit wir um diese Zeit mit dem Essen beginnen könnten. Hoch und heilig versprach er mir, auf die Minute pünktlich zu sein. Mit der cubanischen Zeit ist es wie mit den Kilometern. Pünktlich um 22.00 Uhr war das Schwein fertig gegrillt.

Ich strahlte, als ich drei Fässer Bier sah. Super, hat doch geklappt! Allerdings fehlte das Eis für die Kühlung. Außerdem auch die Zapfanlage. Mit Druck und *Propina* waren nach zwei Stunden Eis und Zapfanlage endlich da. Der Anschluss bereitete noch Probleme. Zwanzig *Spezialisten* versuchten, das *kühle Nass* aus dem Alufass zu bekommen. Mehr als ein kleines Rinnsal war nicht zu sehen. Dann drehte einer solange an der Kohlensäure, bis der Druck wahrscheinlich zu groß war und der Schlauch platzte. Es verging wieder eine Stunde, bis ein Ersatzschlauch aufgetrieben war. Mittlerweile waren die übrigen 10 Flaschen Rum aufgebraucht. Wenn ich noch zwanzig Flaschen mehr gehabt hätte, wären auch die sehr schnell weg gewesen.
Endlich tröpfelte das Bucanero. Allerdings dauerte es fast zwei Minuten, bis dass ein kleiner Becher gefüllt war. Ideenreich stellte man einen Kochtopf unter und füllte dann die Becher mit einer Suppenkelle aus dem Topf.
Irgendjemandem gelang es dann doch noch, das Bier mit normaler Geschwindigkeit aus dem Hahn fließen zu lassen. Im Allgemeinen trinken die Cubaner das Billigbier aus der »Pipa«. Dieses Bier verursacht am nächsten Tag fürchterliche Kopfschmerzen. Das Bier, das wir ausschenkten, war ein wirklich gutes und schmackhaftes Gebräu, eben Original Bucanero. Aus diesem Grunde stellten sich die Nachbarn hier an. Allerdings nicht mit den kleinen Plastikbechern. Ich staunte nicht schlecht, als ich Cubaner mit Literflaschen, Blumenvasen und sogar mit einem Dreiliter-Eimer sah.
Ich hatte eine Tombola organisiert und 550 Lose aus Deutschland mitgebracht, darunter 50 Gewinne. Es waren Preise, die man in Cuba nur schwer oder für teures Geld erhalten konnte. Der erste Preis war ein in Cuba gekauftes Spanferkel. Weitere Preise: Memory Stifte, Handy, elektrischer Rasierapparat, Parfüm, Metzgermesser, Küchenmesser und so weiter. Jeder erhielt kostenlos drei Lose, die Kinder bekamen fünf.
Gegen 19.00 Uhr kam dann eine von mir bestellte Musikkapelle. Jetzt ging die Post ab. Alle sangen mit und tanzten auf der Straße. Hier kamen das cubanischen Temperament und die Lebensfreude durch.
Endlich war es soweit. Das Schwein wurde zerlegt. Anschließend erhielten die Musiker als Erstes ihren Teil mit Schweinefleisch, Yuka, Kochbanane, Reis und schwarzen Bohnen. So viele Schnellesser habe ich in meinem Leben noch nicht gesehen. Der erste Musiker war bereits satt, da hatte der letzte seinen Teller noch nicht bekommen. Nun waren alle anderen an der Reihe.
Von allen Seiten kamen sie und holten sich einen Teller. Mitgebrachte Tüten und Beutel wurden gefüllt und verschwanden in den Taschen. Es war genug für alle

da. Eine tat sich ganz besonders hervor. Sie drückte die anderen weg und nahm für sich und ihre beiden Kinder je einen Teller. Gleich dahinter ihr Ex Mann. *Arelie* glaubte, nun etwas Besseres zu sein. Sie hatte kurz vorher einen deutschen Lehrer geheiratet und trug die Nase ganz oben.

Und so feierten die Cubaner bis in den frühen Morgen bei Musik und Tanz, Bucanero, Rum und viel Spaß an der Freude.

Ich verschwand unauffällig nach Mitternacht ins nahegelegene *Rapido* und trank dort ein eiskaltes, frisches *Bucanero* aus der Dose. Ich war nicht nur ein Jahr älter und todmüde, sondern auch glücklich über ein doch noch gelungenes Fest.

Und die grauen Haare, die ich bei der Organisation bekommen hatte, stören mich nicht, denn sie sollen ja einen reifen Mann angeblich noch interessanter machen.

*Er trinkt lieber
»Cristal«*

Bar im Hotel National

Gustavo

Dies ist die Geschichte meines Freundes Gustavo, eines Mannes Mitte 40, der seit 15 Jahren versucht Cuba zu verlassen. Von Beruf Fischer, den die Cubaner »*Camajan*« nennen, gehört er zu denen, die wissen, wie der real existierende Sozialismus funktioniert.

Er wohnt zusammen mit seiner Ex-Frau, Sohn und Tochter in der Nähe eines Touristengebietes. Sechs Brüder sowie eine Schwester leben alle im Umkreis von hundert Metern. Gustavo ist ein heller Kopf. Seine kleine Familie ernährt er hauptsächlich durch Fischfang. Bei jedem Wetter geht er mit Netz und Angel raus und versucht Fische zu fangen. Ab und zu verirrt sich auch ein Lobster im Netz, den er dann für ein bis zwei Dollar verkauft. Ein Boot darf er nicht besitzen, und so quält er sich Tag für Tag mit seinem alten verrosteten Fahrrad zum Strand. Allein der Zustand des Fahrrades wäre ein eigenes Kapitel wert.

Große Sprünge konnte er nie machen, aber es reichte täglich zum Essen, für Zigaretten und Rum. Ohne Schattenwirtschaft könnte in Cuba niemand überleben und so mischte auch er tüchtig beim täglichen Handel von Waren aller Art mit.

Tagein und tagaus immer im gleichen Trott sorgten bei ihm für eine gewisse Unzufriedenheit. An seinem Vater sah er, dass er es in Cuba nie zu etwas bringen würde. Der verkaufte in der nahegelegenen Kleinstadt Saft, den er selbst herstellte. Mit diesen kümmerlichen Einkünften konnte er gerade so überleben. Gustavo fasste daher den Plan, Cuba zu verlassen. Tausende und Abertausende vor ihm hatten dies schon getan und waren im Gelobten Land Amerika reich geworden. Das zumindest glaubte er.

Am Strand von Santa Maria

Aber ganz so einfach ist es nicht, Cuba legal als Cubaner zu verlassen. Wer im Osten unseres nun wiedervereinigten Landes gelebt hat, weiß, was ich meine. Und so wollte mein Freund Gustavo illegal mit einem Boot Richtung Amerika aufbrechen. Mit dabei waren zwei hochrangige Marineoffiziere sowie ein Arzt. Gustavo oblag die Organisation. Mit seinen Verbindungen in alle Berufsschichten gelang es ihm, ein Viermannboot aufzutreiben. Bei Nacht und Nebel schaffte er das Boot in einen kleinen Ort und versteckte es in einer alten Scheune. Jede freie Minute arbeitete er an diesem Boot. Nach drei Monaten war es endlich fertig. Stolz zeigte er es mir und schwelgte in Vorfreude auf den am nächsten Tag zu erwartenden Außenbordmotor.
Ein richtiger großer Schiffskompass lag seit Wochen gut eingepackt unter seinem Bett. Im Schlafzimmer sah es aus wie auf einer Werft. Auch der Motor war in Ordnung und so stand einer Flucht nichts mehr im Wege.
Die vier Flüchtlinge trafen sich einige Male und besprachen alle Einzelheiten. Was noch nicht feststand, war der Tag der Flucht. Es musste regnen, die See durfte nicht zu stürmisch sein. Einig war man sich, dass es diese, spätestens die nächste Woche sein müsste. Gustavo schaffte wieder bei Nacht und Nebel das Boot samt Ausrüstung und Proviant zu dem Ort, wo die Reise beginnen sollte. Auch hier wieder gut getarnt, damit niemand das Boot bemerken sollte. –

An dieser Stelle möchte ich abschweifen und eine andere Geschichte erzählen, die aber im Zusammenhang damit steht.
Samstag war der letzte Tag meines Urlaubs. Einige Tage hatte ich, wie in jedem Jahr, privat verbracht. Nach dem Frühstück ging ich zum Strand. Auch heute konnte ich beim Frühstück wieder ein doppelt belegtes Brot und zwei hart gekochte Eier abzwacken. Dies wollte ich einem Mann geben, der nachts am Strand schlief, mir morgens immer eine Liege hinstellte und dafür einen Peso erhielt. Ich kannte ihn seit drei Tagen. Er jammerte, dass er am Strand schlafen müsste, kein Geld und auch nichts zu essen habe. So freute er sich immer, wenn er mich sah, denn Bier, ein Peso und etwas zu essen waren ihm sicher.
Heute suchte ich ihn vergebens. Ich konnte ihn nirgends sehen, das wunderte mich. Wen ich dann sah, war mein Freund Gustavo. Ich kenne ihn seit fünfzehn Jahren und wohne oft bei einem seiner Freunde, wenn ich mich in Cuba aufhalte. Dieses Mal musste ich bereits nach zwei Tagen wieder in ein Hotel ziehen, denn es ist verboten, Ausländer bei sich wohnen zu lassen. Allerdings gibt es auch hier wieder Ausnahmen.

Gustavo strahlte mich an und brachte mir frischen Fisch und Mango mit. Ich fragte ihn, wo seine Angeln seien. Er ging um die Ecke an ein kleines Restaurant, kam zurück und meinte: »Beide Angeln waren vor einer halben Stunde noch hier.« Alles Suchen und Fragen half nichts – die Angeln waren verschwunden. Gustavo drängte mich, zur Polizei zu gehen. Damit wollte ich aber nichts zu tun haben. Er meinte, dass er die Angeln täglich zum Fischen benötige und eine der Angeln über 300 Euro wert sei. Die andere Angel war mein Eigentum. Weiter meinte er: »Wenn ich zur Polizei gehe, kümmert sich keiner darum, wenn du aber als Tourist hingehst, habe ich bessere Chancen, die Angeln wieder zu bekommen.«

Also ließ ich mich breitschlagen und erstattete Anzeige. Die ganze Prozedur dauerte über vier Stunden.

Eine Woche später erhielt ich einen Anruf aus Cuba. Gustavos Ex-Ehefrau erzählte mir unter Tränen, dass sie Gustavo festgenommen hätten und er im Gefängnis sitzen würde. Leider hatte ich nicht alles verstanden und bat um eine E-Mail. Ich erhielt darauf hin ein halbes Dutzend E-Mails von verschiedenen Personen.

Es ergab sich folgende Situation: Den Angeldieb hatte man erwischt. Es war derjenige, den ich die ganze Zeit am Strand versorgt hatte. Allerdings gab er an, dass er nur eine Angel, und zwar meine gestohlen habe. Die andere, die teure Angel hätte Gustavo wahrscheinlich bei sich zu Hause. Tatsächlich fand man bei einer Hausdurchsuchung die teure Angel in Gustavos Haus.

Nun saß er im Gefängnis, weil er angeblich mich, den Touristen, bestohlen haben soll. In Wirklichkeit handelte es sich aber um seine eigene Angel.

Mir sagte er aber, zwei Angeln seien gestohlen worden. Seine Ex-Frau Liu machte nun alles rebellisch, um ihn wieder aus dem Gefängnis zu bekommen.

Ich musste nun per E-Mail bestätigen, dass mir nur eine Angel gestohlen wurde und ich die andere Angel bis zu meinem nächsten Besuch in Cuba bei Gustavo untergestellt hätte. Hätte ich dies nicht getan, würde er heute vielleicht noch sitzen.

Einige Wochen später bin ich wieder nach Cuba geflogen, einfach um zu sehen, ob es vielleicht Probleme geben könnte, denn ich wollte einen Monat später mit einer Gruppe eine Cuba-Rundreise durchführen. Es wäre doch sehr peinlich gewesen, wenn die Behörden mich, den Reiseleiter nicht ins Land gelassen hätten. Ohne Probleme konnte ich einreisen.

Ich schnappte mir Gustavo und las ihm anständig die Leviten. Meine monatliche Unterstützung für ihn habe ich für drei Monate eingestellt. Nachdem er

sich für seine Dummheit entschuldigt hatte, erzählte er mir Folgendes: Nach drei Tagen ging die Zellentür auf und man legte den Angeldieb in seine Zelle. Sauer, dass er im Gefängnis saß, verprügelte er den Dieb und musste deswegen noch einige Tage länger bleiben. Aus guter Quelle hörte ich dann, dass Gustavo die Zeit im Gefängnis genoss, denn er hatte an diesen Tagen, wie er sagte, Ruhe vor seiner Ex-Frau.
Beide Angeln stehen noch immer bei der Polizei und nur ich kann sie wieder abholen. Von mir aus können sie dort bis zur nächsten Revolution stehen bleiben, ich jedenfalls werde nie mehr freiwillig zur Polizei gehen.

Nun zurück zur ersten Geschichte.
Während Gustavo im Gefängnis saß, nahmen seine drei *Freunde* das Boot und verschwanden nach Amerika. Ein paar Tage später erhielt er einen Anruf, dass sie alle gut und gesund angekommen seien.
Wie man mir erzählte, war drei Tage lang mit Gustavo kein normales Wort zu wechseln. Mehrfach schlug er mit dem Kopf gegen die Wand und beschimpfte zuerst sich selbst wegen seiner Dummheit, dann noch den Dieb, dann seine *Freunde* und fing dann wieder bei sich selbst an. Die Narbe von der Platzwunde an der Stirn, die er sich dabei zuzog, sieht man heute noch.
Die Hoffnung, doch noch von der Insel wegzukommen, gab er nie auf. Nächtelang lag er wach und überlegte, wie er es anstellen könnte, doch noch das »*Gelobte Land*« zu sehen.
Ein Jahr ging ins Land. Ich traf Gustavo im Kreis seiner Freunde und Brüder bei einem Fest. Alle strahlten, lachten und schlugen sich immer wieder auf die Schenkel. Einer seiner Brüder fragte mich: »Kennst du Christoph Columbus?«, und zeigte immer noch prustend auf Gustavo. Anfangs verstand ich gar nichts. Dann stellte sich heraus, dass Gustavo wieder einmal einen Fluchtversuch unternommen hatte, der diesmal nur halb gelang. Am nächsten Tag erzählte mit Gustavo dann die ganze Geschichte.
Wieder einmal suchte er ein Boot. Diesmal war er schlauer und ließ sich von allen Teilnehmern zum Boss ernennen. Außerdem wählte er nur Leute aus, die keine Ahnung von der Seefahrt hatten. Er sammelte bei allen Geld und kaufte damit ein altes wurmstichiges Boot. 14 Personen passten hinein aber der Preis war erst bei 17 Personen zusammen. Kurzerhand nahm er dann noch weitere drei Personen an. Gewitzter ließ er diesmal die anderen arbeiten und gab nur noch Kommandos.

Ein alter Außenbordmotor – sah aus, als ob ihn Noah schon an seiner Arche hatte – lag wieder unter dem Bett. Ebenso die selbst angefertigte Steuerung. Ein selbst gefertigter Anker stand im selbst gefertigten Kleiderschrank.

Nach langen Wochen Arbeit stach das überladene Boot mit 17 Personen in See. Ein Kompass war nicht vorhanden. Gustavo wollte sich nach den Sternen richten. Dabei muss er zwei Sterne verwechselt haben, denn das Boot irrte zwei Tage und drei Nächte im Golf von Mexiko umher. Freudetrunken – das Trinkwasser war schon lange aufgebraucht – sahen sie dann die Skyline von Miami. Alle klatschen, jubelten und freuten sich auf Amerika.

Die Freude war aber nur von kurzer Dauer, denn aus dem Nichts tauchte plötzlich ein Patrouillenboot der Amerikaner auf.

Es gibt in Amerika ein Gesetz, nur für Cubaner gemacht. *»Wer Amerika trocknen Fußes erreicht, erhält Bleiberecht«.*

Hätte mein Freund mit seinen Companeros in Miami anlegen können, hätte er es geschafft. So aber schleppten die Amis das Boot an Land, legten es an eine Kette und den Flüchtlingen Handschellen an. Eine Nacht verbrachten sie in Abschiebehaft und wurden am nächsten Tag wieder nach Cuba zurückgebracht. Hier wurden sie gleich von der Polizei verhaftet und wieder für einige Tage ins Gefängnis gesteckt.

Gustavo erhielt noch eine Geldstrafe in Höhe von 3.000 Pesos (etwa 120 Euro), die ich dann für ihn bezahlen durfte. Die Quittung hat bei mir zu Hause einen besonderen Platz.

Und so wusste ich auch, warum mein Freund Gustavo von diesem Zeitpunkt an Christoph Columbus genannt wurde.

Bei meinem nächsten Besuch in Cuba war er schon wieder auf der Suche nach einem Boot. Mittlerweile hatten viele seiner Bekannten die Flucht nach Amerika geschafft. Bekannte, die selbst ein wenig Geld hatten oder es sich von Freunden geliehen hatten. Die wurden von Schleusern mit gut ausgerüsteten Schnellbooten abgeholt und in die USA gebracht.

Täglich von morgens bis abends schuftete Gustavo mit zwei Schreinern an einem neuen Boot. Er machte gute Fortschritte und präsentierte mir dann diesen wirklich gut gemachten Kahn. Diesmal kaufte er einen alten Kompass und den Außenbordmotor brachte einer der Mitreisenden mit. Alles war wie immer. Keiner durfte von der Flucht erfahren.

Eine Woche, bevor es losgehen sollte, fiel ihr Plan durch einen dummen Zufall auf. Einer der Schreiner erzählte nach dem Genuss einer halben Flasche Rum von dem tollen Boot, das er gebaut hatte. In der Runde war einer, der dies nicht glaubte. Und so ging der Erbauer mit diesem Zweifler und dem Rest des Rums zu dem in der Nähe liegenden Schiff. Am nächsten Tag wurde das Boot dann beschlagnahmt.

Und wieder ging ein Versuch daneben. Gustavo wollte zwar immer noch das Land verlassen, aber die Flucht übers Wasser legte er dann doch ad acta.

Cuba hat viele Touristen. Die meisten kommen aus Kanada. Mit nur drei Stunden Flugzeit ist dies für die Kanadier ein ideales Urlaubsziel.

Gustavo hatte nun den Plan, eine Kanadierin zu ehelichen und so den Sprung ins Ausland zu schaffen. Tatsächlich schaffte er es mit all seinem Charme, Linda kennenzulernen. Linda, geschieden mit zwei schulpflichtigen Kindern, Marketingsekretärin, kam mit ihrer Schwester aus Montreal nach Cuba, um hier einige Tage Urlaub zu machen.

Am Strand lernte Gustavo Linda zwei Tage vor ihrer Abreise kennen. Sie wohnte in einem All-inklusiv-Hotel und versorgte Gustavo mit Essen und Getränken. Gustavo lag von morgens bis abends am Strand vor ihrem Hotel und ließ es sich gut gehen. Am Tag der Abreise flossen auf beiden Seiten Tränen, bei Gustavo hauptsächlich deswegen, weil er daran dachte, dass es ihm zukünftig wieder an kulinarischen Köstlichkeiten fehlen würde.

Ein guter Freund von Gustavo besitzt einen Laptop, da er Informatik studiert. Wochenlang gingen E-Mails hin und her. Täglich schrieb Linda eine Postkarte und Gustavo war selig, als Linda ihm schrieb, dass sie in zwei Monaten Cuba wieder für 14 Tage besuchen würde und sie ihn für diese Zeit ins Hotel einladen würde.

Gustavo kümmerte sich um Papiere und Genehmigungen, um zusammen mit Linda im Hotel wohnen zu dürfen.

Dann kam sie. Gustavo holte sie zusammen mit einem Freund und dessen Oldtimer am Flughafen ab. Er erlebte die schönsten zwei Wochen seines Lebens. Auch von Heirat wurde schon gesprochen. Gustavo wähnte sich schon am Ziel. Linda wollte nun auch die Familie kennenlernen. Eines Tages nahm er Linda mit nach Hause. Es war der Tag, als seine Ex-Frau ihre Mutter im 100 Kilometer entfernten Dorf besuchen wollte. Leider klappte es mit dem Besuch nicht, da der alte klapprige Bus unterwegs mit Motorschaden auf der Strecke liegen blieb. Und so standen sich Ex-Ehefrau und Ehefrau in spe gegenüber.

Zunächst verlief alles noch ruhig und gesittet. Gustavo machte dann einen Fehler. Er ging zum Kiosk, um Getränke zu holen. Nun eskalierte die Situation. Die Ex erzählte, was Gustavo für ein schlechter Mensch sei, der nichts arbeitet, trinkt, fremdgeht usw. Linda verteidigte lautstark ihren Geliebten und die Ex wurde

immer wütender und lauter. Und so fand Gustavo zwei feixende und schreiende Frauen vor. Er wollte schlichten, fing sich dann eine Ohrfeige von seiner Ex ein und Linda flüchtete nach Kanada, ohne Gustavo noch einmal zu sehen.
Dieser nahm es gelassen, zog sich mit einer Flasche Rum zu seinen Brüdern zurück und wurde am nächsten Tag von seiner Ex wieder gnädig und reumütig aufgenommen.
Als ich ihn in diesem Jahr wieder besuchte, war er erneut voller Tatendrang. Er hatte erfahren, dass man ganz legal als Cubaner Ecuador besuchen könne.
Dazu benötigte er einen Reisepass und etwa 1500 CUC (1.300 Euro). 1000 CUC als Kaution an den Staat, der Rest für ein Flugticket nach Quito.
Er arbeitete wie ein Wilder, um an das Geld zu kommen. Da man in Cuba im Monat aber nur ca. 20 Euro verdient, hätte er sechs Jahre gebraucht, um diese Summe zusammenzubekommen. Er verkaufte alles, was er nicht mehr gebrauchen konnte. Angel, Netz, Fahrrad und sogar einen zweiten uralten Kühlschrank. Da ich in dieser Zeit wieder Urlaub in Cuba machte, konnte auch ich ihm ein wenig helfen.
Vor ein paar Tagen erhielt ich nun ein E-Mail aus Ecuador von meinem Freund Gustavo.
Endlich hat er es geschafft. Er schrieb, dass es ihm gut gehe, dass er aber dringend Geld benötige, um in Quito zu überleben.
Ich habe ihm nochmals ausgeholfen und es würde mich nicht wundern, wenn er eines schönen Tages bei mir zuhause vor der Tür steht.

Deutsche Spuren in Cuba

Viele deutsche Männer haben in Cuba ihr Herz verloren. Einige von ihnen heiraten dann und nehmen ihre Tropenperle mit nach Old Germany. Und so wird die Kolonie der Cubaner in Deutschland immer größer.
Aber wie ist es umgekehrt? Wie steht es mit Deutschen auf der Zuckerrohrinsel. Da mich das interessierte, versuchte ich, Spuren von Deutschen in Cuba zu finden.
Ich musste nicht lange suchen. Einen Deutschen kannte ich bereits seit vielen Jahren – *Henky Hentschel*. Er wohnt in der Nähe des Revolutionsmuseums und war bis vor Kurzem stolzer Besitzer eines uralten Lada. Verheiratet ist er mit einer Cubanerin und Vater einer 12-jährigen Tochter. Henky hat zahlreiche Bücher geschrieben, arbeitete für ARD und ZDF, den Stern und den Playboy. Er berichtete lange von der Zuckerinsel und ist nun im wohlverdienten Ruhestand. Zusammen mit dem deutschen Fotografe*n Sven Creutzma*nn hat er das lesenswerte Buc*h »Salsa einer Revolution*« herausgebracht. Sven Creutzmann, freiberuflicher Fotograf arbeitet ebenfalls schon lange Jahre in Havanna, ebenso der Filmemacher J*ochen Beckmann*. Auch der Münchner *Sigi Kaden*, Kurator und Maler, hat seit zehn Jahren seine Zelte in Havanna aufgeschlagen. Seit Kurzem ist auch *Christoph Blaha* Neubürger von Havanna. Er ist vor kurzem Vater einer Tochter geworden, arbeitet in einer Reiseagentur und ist bereits zum dritten Mal mit einer Cubanerin verheiratet.
Gerade nach der Wende kamen viele Besucher aus dem Osten unseres Landes nach Havanna. Ob sie Sehnsucht nach ihrem alten Leben hatten oder neu anfangen wollten, war nie zu klären. Keiner von ihnen hat es längere Zeit ausgehalten. Ich erinnere mich noch an einen jungen Mann, der immer mit einer

Bundeswehruniform und einem Schäferhund durch Havanna lief und sich mit »*Commandante*« anreden ließ; ebenso an einen, den man »*Papagei*« nannte. Gelbe Hose, rotes Hemd, grüne Mütze, weiße Socken, braune Sandalen er hätte auch »*Walfisch*« heißen können, denn er war immer im *Tran*. Sein Motto: »Ein Tag ohne Alkohol ist ein verlorener Tag.« Das Stammlokal der Deutschen ist das »*Castillo de Farnes*«.

Einen Deutschen kenne ich bereits aus Deutschland. Einen, der von wenig Arbeit viel hält. Er lebt zwar nicht in Havanna, besucht die Stadt aber mehrmals im Jahr. Er hat das ganze Jahr über Zeit, denn in seiner Jugend hat er seinen Händen die ewige Ruhe versprochen und hat sein Versprechen auch gehalten. Er hat sich in eine »Chica« verliebt die – während er sich in Deutschland vom Urlaub ausruht – in der Erwachsenen-Entspannungs-Branche arbeitet. Ohne diese Frau

glaubt er nicht mehr leben zu können. Solche Männer werden in Cuba »*Liebeskasper*« genannt. Sein monatliches Einkommen übernimmt der Staat, und wenn er wieder etwas gespart hat, oder sonst irgendwie zu Geld gekommen ist, düst er in die Karibik. Ich habe ihn unter der Rubrik »*Sozialschmarotzer*« abgelegt. Seine »Chica« glaubte einen »Mango« – so heißen hier die Männer mit Geld – gefunden zu haben, dabei erwischte sie nur eine Pflaume mit Glatze und Brille. Ob er lange Freude an ihr hat, ist fraglich, denn eine Cubanerin ist wie ein Ferrari: rassig, schnittig und schön zu fahren, aber sehr teuer in der Unterhaltung. Und so ist es bei den vielen Deutschen auf der Insel auch kein Wunder, dass es einen »*Deutschen Verein*« in Cuba gibt.

Um 1850 lebten 156 Deutsche in Havanna. Die meisten von Ihnen waren Geschäftsleute, die in den Handel mit Tabak und Zucker investierten. Heute hat der deutsche Verein etwas mehr als 100 Mitglieder.

Ein Deutscher wird heute noch in Cuba verehrt: Alexander von Humboldt. Er lebte einige Zeit auf der Insel und studierte deren Natur, Gesellschaft und Geografie. Ihm zu Ehren gibt es die »*Casa Humboldt*«, ein kleines Museum, das Schriften und Navigationsinstrumente des Forschers zeigt.

Straßenschach

Von den Cubanern wird er als zweiter Entdecker Cubas angesehen. In der Nähe der Universität steht die »*Catedra Humboldt*«. Sie beherbergt eine Bibliothek mit Fachbüchern und Sonderausgaben über Leben und Werk von Humboldt. Außerdem zahlreiche belletristische und Fachbücher aus dem deutschsprachigen Raum. Gewundert hat es mich, als ich dort die Worte Kindergarten und Hamster hörte. Deutsche Worte, die im spanischen den gleichen Sinn ergeben.
Nicht sehr weit von der Casa Humboldt, befindet sich die »*Taberna de la Muralla*«. Hier gibt es frisch gezapftes Bier vom Fass. Allerdings ist dies eine österreichische Einrichtung. Aber auch deutsche Bierbrauer haben in Cuba gearbeitet. In Camagüey entstand die *Tinima*-Brauerei, die größte in Cuba. Gebaut wurde sie in den Achtzigerjahren von Spezialisten aus der ehemaligen DDR.
Wie schon an anderer Stelle erwähnt, lebte auch die Saarländerin *Helena Benitez* zusammen mit ihrem Mann, dem weltbekannten Maler und Freund von Picasso, *Wifredo Lam* in Havanna. Ebenso erwähnt man die beiden deutschen Seeleute auf dem Friedhof Christof Colom.
Auf dem alten Friedhof *Espada* in Havanna findet man an der Friedhofsmauer einen Gedenkstein für den deutschen Schriftsteller, Journalisten und Kaufmann *Georg Weerth*. Ein Weg- und Kampfgefährte vom *Karl Marx* und *Friedrich Engels* und dem Kommunismus sehr verbunden. Er wurde 1822 in Detmold geboren und starb 1856 in Havanna. Bekannt wurde er unter anderem mit: »*Leben und Thaten des berühmten Ritters Schnapphahnski*« oder mit dem Gedicht »*Die Schenke*«. Eine der fünfzehn Strophen lautet:

Tut ihm der Tod dereinst mal winken
Glaub mir, er fährt gen Himmel nicht!
Er wird zurück zur Erde sinken –
Derweil zu schwer ist sein Gewicht.

Bekannt nicht nur unter Zigarrenrauchern ist der Name *H. Upmann*. Die Gebrüder *Hermann und August Hupmann* stammten aus einer deutschen Bankiersfamilie. Da sie die cubanischen Zigarren so gut fanden, wanderten sie 1844 nach Cuba aus, gründeten eine Bank und eine Zigarrenfabrik. Die Legende sagt weiter, da das »H« im spanischen nicht gesprochen wird, und sie daher mit Upmann angesprochen wurden, setzten sie das »H.« mit Punkt vor ihren Namen. Das »H« ist die Abkürzung für das spanische Wort *Hermanos*, also Brüder.
Viele Jahre bin ich in der Fabrik ein- und ausgegangen, durfte fotografieren und den Vorlesern zuhören und mir die einzelnen Abteilungen ansehen. Als die Fabrik einen anderen Standort in Havanna bezog, war es mit meinen Besuchen leider vorbei, da meine Kontaktperson mit dem Umzug in Rente ging. Einer

der Qualitätskontrolleure heiratete eine Frau aus Berlin und lebt nun in der deutschen Hauptstadt.

Auch *Heinrich Schliemann* – richtig, der, der Troja ausgegraben hat – war in Cuba. Er interessierte sich damals für Kaffee und Zucker. Ein Schild beim Hotel *Telegrafo* erinnert an ihn.

Die Orgel in der Kathedrale von Havanna wurde mit Spenden aus Deutschland eingebaut. Ein Marmorschild am Ausgang links weist darauf hin. In der Kirche *Santo Christo*, in der Nähe des *Capitolio*, kann man ein wunderschönes Glasfenster bewundern. Das Fenster wurde von der Firma *X. Zettler* aus München angefertigt.

Im Verein der Deutschen amüsiert man sich noch heute über eine Weiße, aber nicht sehr *helle* Touristin aus der schönen Pfalz. Von Varadero aus, wo sie Urlaub machte, fuhr sie mit dem Taxi zur Schweinebucht. Hier, so hatte sie in einer deutschen Illustrierten gelesen, befände sich ein Indianerdorf. Dieses Dorf wurde originalgetreu nachgebaut. Mit zwei schweren Koffern voller gebrauchter Kleider irrte sie über eine Stunde durch das Dorf und suchte Indianer, um ihnen die Kleider zu schenken. Nachdem sie ein Cubaner, der in der ehemaligen DDR in einer Chemiefabrik arbeitete, darauf aufmerksam machte, dass es hier keine Indianer mehr gibt, nahm sie ihre beiden Koffer voller Kleider wieder mit nach Deutschland, um sie als Spende dem Deutschen Roten Kreuz zur Verfügung stellen.

Wussten Sie, dass *Fidel Castro* eine deutsche Geliebte hatte? Der deutsche Kapitän *Heinrich Lorenz* befuhr 1959 mit der *MS Berlin* die Karibik. Mit an Bord seine 19-jährige Tochter *Marita*. Fidel Castro besuchte die *Berlin* im Hafen von Havanna, verliebte sich in Marita und sie wurde für sieben Monate seine Geliebte. Später wurde sie vom CIA nach Cuba gesandt, um Fidel zu ermorden, was sie aber – wie wir alle wissen – nicht tat. Sie lebt heute noch in den USA. Ihre Verwandten leben in Neunkirchen im Saarland.

Auch *Tamara Bunke* spielt eine Rolle in der Geschichte Cubas. Wie *Ernesto Guevara de la Serna (Che Guevara)* in Argentinien geboren, lebte sie doch sehr lange mit ihren deutschen Eltern in der ehemaligen DDR. Sie war die Begleiterin von Che Guevara bei den Revolutionsvorbereitungen in Bolivien. Unter ihrem Tarnnamen »Tania« ist sie weltberühmt geworden. Sie wurde in Bolivien erschossen und im *Memorial Guevara* in Santa Clara in Cuba bestattet.

Ja, und beinahe wäre eine kleine Insel in cubanischen Gewässern auch Hoheitsgebiet der Bundesrepublik Deutschland geworden. Beinah!

Im Jahre 1972 zeigte sich Fidel Castro großzügig und schenkte dem ehemaligen Saarländer und Staatsratsvorsitzenden E*rich Honecker be*im Staatsbesuch in der DDR eine Landkarte, auf der eine Insel mit dem Namen des Kommunistenführers E*rich Thälmann e*ingetragen war. Die Insel ist ca. 20 Kilometer lang und ca. 500m breit. Ein Traumstrand am südlichen Ufer erhielt den Namen *Playa RDA,* also Strand der DDR. Die Insel liegt unweit der Schweinebucht, genau dort, wo ein von den USA organisierter militärischer Angriff von Exilcubanern versucht wurde, um die Regierung Castro zu stürzen.

Das Eiland ist unbewohnt, hat aber einen tollen weißen Sandstrand. Angeblich wird sie ab und zu von einigen Touristen besucht, die mit Fischerbooten anlegen und einen Nachmittag dort verbringen. Außer Sand sehen sie auch noch die von einem Sturm umgeworfene meterhohe Büste von Ernst Thälmann. Diese wurde im Jahre 1972 im Beisein des stellvertretenden Botschafters der DDR in Cuba enthüllt.

Nach der Wende meinten einige schlaue Personen, die Bundesrepublik wäre als rechtmäßiger Nachfolger der DDR auch Eigentümer dieses herrlichen Fleckchens in der Karibik. Von cubanischer und deutscher Seite allerdings bremste man die Euphorie, indem man verkündete, die damalige Schenkung sei nur ein »*symbolischer Akt*« gewesen. Nichts war's also mit einem neuen Bundesland auf einem karibischen Archipel.

Ein Pfälzer, um genauer zu sein, ein Bankier aus Pirmasens glaubte, eine tolle Idee zu haben. Er wollte Parzellen dieser Insel verkaufen. Zehn Quadratmeter sollten 50 DM kosten. Bessere Abschnitte, also zum Beispiel am Strand, sollten teurer werden. So sollte man 620 DM für 100 qm Strandlage zahlen. Er rechnete sich aus, dass eine Million Optionen gezeichnet werden müssen, um den Schätzpreis der Insel von etwa drei Millionen DM zu erhalten.

Wenn er das Geld dann zusammenhätte, wollte er mit Fidel Castro sprechen, ob er verkaufen möchte. Er glaubte, Fidel könnte diesen Betrag nicht ausschlagen. Sollte er aber den Betrag nicht zusammenbekommen, oder Fidel sich weigern zu verkaufen, wollte er das bisher eingegangene Geld spenden und den bisherigen Interessenten eine Urkunde ausstellen.

Bestimmt gibt es noch viele andere Spuren von Deutschen in Cuba. Vielleicht finde ich noch ein paar davon bei einem meiner nächsten Besuche.

Cuba hat viele Gesichter

Der Faun von Havanna

Und so stand ich heute am Sonntag wieder einmal im Flughafen in Frankfurt und wartete auf meinen Flug nach Havanna.
Ich kaufte mir einige Zeitschriften, unter anderem auch den Spiegel, der zwar montags erscheint, aber an Flughäfen bereits am Sonntag ausliegt. Gefesselt hat mich ein Bericht über den cubanischen Schriftsteller *Pedro Juan Gutierrez* mit dem Titel »*Der Faun von Havanna*«. Die Idee war geboren, ihn heute am Sonntag noch zu besuchen und ihm den »Spiegel«, der erst am Montag in Deutschland erscheint, am Sonntag in Havanna zu überreichen. Durch die Zeitumstellung wäre dies möglich gewesen.
Gleich vornweg: Ich habe es nicht geschafft!
Nirgends stand in dem Bericht zu lesen, wo er in Havanna wohnt. Ich suchte also den Schriftstellerverband auf. Aber hier konnte mir niemand helfen. Ich blätterte den Artikel noch einmal durch und konnte so sehen, dass er am Malecon in einem blauen Haus lebt.
Auf zum Malecon. Hier stehen die alten Häuser in allen Farben. Die Häuserfronten sind verwittert und von Salzwasser zerfressen. Bei fast allen ist die Farbe abgeblättert. Auch einige Häuser mit Farbe, die einmal blau gewesen sein könnten. Und so begann die Suche. Nach zwei Stunden intensiven Suchens immer noch kein Ergebnis. Aufgeben aber kam nicht in Frage.
Und dann kam mir der Zufall zu Hilfe. Eine nicht mehr ganz junge Mulattin sprach mich an und bat mich um einen Dollar. Ich sagte ihr, dass ich ihr fünf Dollar gäbe, wenn sie mir die Adresse von Pedro Juan geben könnte und zeigte ihr ein Bild von ihm. Schneller hat sie wahrscheinlich noch nie in ihrem Leben fünf Dollar verdient.

Sie wohnte im gleichen Haus wie er. Ich stand praktisch davor. Nun ging es in den achten Stock. Ein Aufzug war vorhanden, aber außer Betrieb. Stufe um Stufe quälte ich mich die Treppe ohne Geländer hoch. Immer nah an der Wand entlang. Die Stufen ausgetreten oder gebrochen. Im vierten Stock legte ich eine Pause ein. Obwohl genügend Luft vorhanden war, bekam ich immer weniger davon. Dann zwei Stockwerke weiter. Wieder war eine Pause angesagt, bevor ich dann endlich den achten Stock erreichte.

Bevor ich an die Tür klopfte, wartete ich, bis sich mein rasselnder Atem normalisiert hatte. Als Pedro öffnete, konnte ich schon fast wieder normal sprechen. Er sah mir sofort an, dass mir das Treppensteigen Probleme bereitete, und über sein Gesicht zog sich ein breites Grinsen. Sogleich erklärte er mir, dass er acht Mal am Tage die Treppe rauf und runter rennt. Man sieht es ihm an. Ein durchtrainierter Körper obenauf ein Kopf so glatt wie eine Billardkugel.

Ich hatte ihn gerade beim Training auf der Terrasse unterbrochen. Er stemmte täglich Gewichte, um fit und gesund zu bleiben. Von der Terrasse hatte man einen traumhaften Blick über Havanna.

Ja und dann freute er sich nur noch, als er den Bericht und die Fotos im *Spiegel* sah. Er lud mich zu einem Kaffee und einem Rum ein, zeigte mir sein Wohnzimmer mit all seinen Skulpturen, Bildern, Büchern, die überall liegen und stehen und seine Gedichtbänden. Pedro ist nicht nur Schriftsteller, er ist auch Bildhauer, malt und schreibt Gedichte.

In Cuba ist er nicht sehr bekannt. Seine bisherigen Werke erschienen in Amerika, Italien, Deutschland und vor allem in Spanien. Hier vor allem kennt man ihn. Sein Schreibstiel erinnert an Bukowski und handelt meistens von Frauen, Sex und dem Leben in Cuba. Er meinte auch: »Ziel muss es sein jeden Tag zu überleben und nebenbei soviel Spaß zu haben wie möglich«. Ein bemerkenswerter Satz wie ich glaube.

Schriftsteller wollte er immer werden. Aber bis es soweit war, war er Soldat, Eisverkäufer, Zuckerrohrschneider, technischer Zeichner, Bauinstallateur und vieles mehr. Er kam 1978 von Pinar del Rio nach Havanna und studierte an der Universität Journalismus. Sein bekanntestes Werk ist die » Schmutzige Havanna Triologie«, nicht gerade die Lektüre für Zartbesaitete.

Er hat mich dann eingeladen zu einem Bummel durch sein Viertel. Hier kennt er sich aus. Hier kennt er alle Wohnungen und Hinterhöfe. Überall hat er Bekannte. Vor allem die Mulattas habe es ihm angetan. Schließlich landen wir nach mehreren Barbesuchen in meinem Hotel an der Bar. Aus meinem Zimmer

nahm ich dann ein paar Geschenke, die er dankend annahm. Es wurde spät an diesem Abend.
Wir verabredeten uns für den nächsten Tag. Wir besuchten einige seiner Freunde und so lernte ich Menschen und Wohnungen kennen, die ich alleine nie gesehen hätte. Beim nächsten Besuch bringe ich ihm seine Lieblingsrasierklingen mit, die »Blauen«, die sind in Havanna nur schwer zu finden.

Calle Marino

Die meiste Zeit meiner Urlaube verbrachte ich im Osten von Cuba im sogenannten »Oriente«, abseits von allen touristischen Pfaden. Hier lernte ich mehr über die Menschen und über Cuba kennen als auf jeder Universität.

Ich wohnte in der »Calle Marino«, wo etwa 50 Personen leben. Jeder scheint mit jedem verwandt zu sein. Zusammengerechnet dürfte ich ein knappes Jahr dort verbracht haben.

Bei jedem Besuch gab es Neuigkeiten. Emilio hatte endlich Arbeit gefunden. Er war nun Mitarbeiter der Revolutionspolizei. Zusammen mit seinem Vater wohnte er in einem alten Container. Sein Vater war als Soldat einige Jahre in Angola. Nach seiner Rückkehr Scheidung, keine Arbeit, Probleme noch und nöcher. Selbst gebrannter Rum half ihm einige Zeit weiter. Heute fährt er ein Fahrzeug, mit dem die Klärgruben entleert werden. Er verdient gut dabei.

Ging man in den Wohncontainer, war rechter Hand so etwas wie eine Küche, um genau zu sein stand ein Spirituskocher auf einer selbst gebastelten Holzkiste. Daneben zwei Teller, zwei Tassen und zwei Gläser. Was braucht der Mensch mehr? Ein paar Meter weiter ein sogenanntes Bett und an einer Blechwand hing die Polizeiuniform von Emilio. Als Nachttisch musste wieder eine Holzkiste herhalten. Auf der Kiste die Dienstpistole und die Mütze. Emilio wollte mir die Pistole in die Hand drücken, damit ich einmal erlebte, wie sich so etwas anfühlte. Dankend lehnte ich ab.

Wenn die Männer abends vor dem Container saßen, wurde auch schon einmal ein Probeschuss abgefeuert. Wo die Munition herkam? Der liebe Gott oder sonst ein höheres Wesen wird es wissen. Emilio hielt es nicht lange bei der Polizei aus. Zunächst war er ohne Uniform auf Zivilstreife. Im benebelten Kopf kontrollierte er eine Person und ließ sie alle Taschen ausleeren sowie den Koffer öffnen und durchwühlte diesen. Die Person war ein hochrangiger Arzt, der auf dem Heimweg von einer Dienstreise aus Venezuela war. Er beschwerte sich bei den Vorgesetzten von Emilio. Dieser wurde dann als Verkehrskontrolleur eingesetzt. Als man ihn dann – auf Streife – schlafend im Polizeiauto vorfand, war wieder eine Abmahnung fällig.

Entlassen hat man ihn, als er – wie schon so oft – zu viel selbst gebrannten Rum in sich hatte und seinen Onkel am Abend vor dem Container mit einer Machete angriff. Geistesgegenwärtig warf dieser mit einem Fahrrad nach ihm und konnte so dieser gefährlichen Waffe entkommen. Irgendjemand hat die Polizei gerufen und die nahmen ihren »Noch-Kollegen« dann mit.

Einige Zeit saß er im Gefängnis, schließlich wurde er nicht nur aus dem Gefängnis, sondern auch aus dem Polizeidienst entlassen.

Emilios Onkel kämpfte in Angola. Seine komplette Kompanie geriet in einen Hinterhalt, er überlebte als einziger. Seit dieser Zeit hat er ein Trauma. Er arbeitet täglich am Strand und fährt eine dieser Maschinen, die den Strand säubern. Sein Zweizimmerhaus hält er pikobello in Ordnung, allerdings fehlen immer noch Wasser und Elektrizität. Er kommt, wie fast jeder, mehr schlecht als recht über die Runden. Trotzdem hat er einen Weg gefunden, noch etwas nebenbei zu verdienen. Seine Schwester kocht für ihn und er zahlt ihr dann monatlich einen kleinen Betrag.

Die Schwester wohnt direkt unter ihm und ist die gute Seele der Familie. Die Mutter ist früh gestorben und so musste sie die Brüder versorgen. Verheiratet war sie mit einem Koch, der in einem Hotel arbeitete. Solange sie mit ihm zusammen war, hatten sie immer genug zu essen. Jetzt hat sie sich einen Touristen aus dem Osten unserer wiedervereinigten Republik geangelt. Sie hegt die Hoffnung, irgendwann einmal in Berlin zu wohnen.

Der dritte Bruder ist ein Lebenskünstler. Er findet keine Arbeit. Ab und zu schlachtet er ein Schwein, verkauft das Fleisch und verdient damit seinen Lebensunterhalt. Auch er braucht nicht viel zum Leben. Morgens eine Tasse Kaffee und eine Zigarette genügen bis zum Nachmittag. Danach besorgt er sich bei einem seiner Verwandten etwas zum Essen. Er hat sich ein Haus gebaut, um genauer zu sein, er hat einige Steine aufeinandergesetzt, Türen und Fenster eingesetzt, Blech darüber gelegt, und fertig war die Behausung. Wenn er einmal wieder etwas Geld hat, wird das Blech durch eine Betondecke ersetzt. Ein rostiges Bett steht auf dem Lehmboden und im »Bad« eine WC-Schüssel, ein

Wasserfass und eine Blechdose. Er trägt einen »Blaumann« mit dem Emblem einer großen Öl-Raffinerie und so glaubt jeder, der ihn nicht kennt, er wäre »*Mecanico*« und mache gerade Pause.

Ein weiterer Bewohner der »Calle Marino« mit dem Spitznamen »*El Toro*« ist sehr fleißig, arbeitet täglich in einem staatlichen Betrieb. Er hat zwei Töchter sowie eine Ehefrau. Eine Tochter ist bereits aus dem Haus, sie hat schon mit 15 Jahren geheiratet. Und da cubanische Männer nicht immer ganz treu sind, hat er auch noch die Frau eines Arztes getröstet, derweil dieser in Venezuela – im Tausch gegen Öl – Mandeln herausoperierte.

So kam es, wie es kommen musste. Seine Ehefrau erfuhr von diesem anrüchigen Verhältnis und stellte die Nebenbuhlerin auf der Dorfstraße. Wie zwei der berühmten cubanischen Kampfhähne stürzten sie aufeinander zu, bissen, schlugen, kratzten und wälzten sich wie kleine Ferkel im Dreck. Eine musste mehrfach genäht werden, die andere sah man am nächsten Tag mit einer großen dunklen Sonnenbrille, was aber nicht an der Sonne lag.

Dem untreuen Ehemann war all dies zu viel Stress. Er verstieß seine gehörnte Ehefrau und glaubte, damit sei alles erledigt. Er hätte aber wissen müssen, dass ungeliebte Frauen zu allem fähig sind. Und so dauerte es auch nicht allzu lange, bis die Polizei bei ihm vor der Tür stand. In seiner Freizeit hatte er einige nicht ganz legale Geschäfte abgewickelt, um mit dem Verdienst seine Familie zu ernähren. Natürlich wusste seine Ehefrau davon und glaubte nun, in ihrem verletzten Stolz, ihren Mann anzeigen zu müssen. Nur soviel: Er kam auch mit einem »blauen Auge« davon.

Als der Arzt wieder einmal auf Heimaturlaub war, erfuhr er rasch von den Eskapaden seiner untreuen Ehefrau. Er forderte seinen Nebenbuhler nicht zum Duell, er wechselte – nachdem er die persönlichen Sachen seiner »Noch-Ehefrau« vor die Tür gestellt hatte – das Schloss an der Tür aus und hatte Ruhe. Der »blauäugige« Liebhaber hatte sich aber mittlerweile anders getröstet, sodass sie auch dort keine Aufnahme fand.

Das Witzige an dieser Geschichte: Beide Frauen wohnen nun zufällig zur Miete mitten im Ort im gleichen Haus, und zwar nebeneinander mit nur einem Eingang und sehen sich so Tag für Tag. Das Leben schreibt die schönsten Geschichten.

Da die Familien in der »Calle Marino« nur zwei Fernsehprogramme empfangen können, sitzen sie am Abend meistens vor der Haustür, fast immer getrennt. Die Männer vor dem Wohncontainer mit billigem selbst gebranntem Rum und die Frauen auf der Treppe oder auf Bänken und Stühlen vor der Tür. Unentwegt fahren Autos, Pferdefuhrwerke und vor allem Radfahrer vorbei. Die Radfahrer fahren grundsätzlich ohne Licht. Bisher konnte mir niemand sagen, warum dies so ist. Es ist schon gewöhnungsbedürftig, in stockdunkeler Nacht mit dem Fahrrad ohne Licht zu radeln. Am frühen Abend ist es bereits dunkel, und wenn man sich bei den Straßenverhältnissen nicht den Hals brechen oder von einem Auto angefahren werden will, lässt man als »Yuma« den Drahtesel am besten stehen.

Einer der Straßenbewohner ist *Yuri*. Ein Autofan, der bereits mit 18 Jahren seinen Führerschein erworben hatte. Und, wenn man den Führerschein hat, will man auch Auto fahren. So schnappte er sich in einer Nacht- und Nebelaktion und ohne Wissen seines Erzeugers, den Oldsmobil, Baujahr 1959, mit Lada-Motor, um damit zur Disco nach Santiago de Cuba zu fahren. Er war damals der Meinung, nur schnelle Fahrer seien gute Fahrer. So sprang ihm auf der Rückfahrt ein Baum ins Auto und der Oldie war Schrott. Den Beifahrern ist nichts passiert, und auch er hatte außer Prellungen keine Verletzungen.

Vor einigen Tagen erhielt sein Vater Besuch von Freunden aus Deutschland. Sie fuhren mit einem Leihwagen vor. Yuri bot sich an, das Auto zu waschen. Er erhielt den Autoschlüssel, um das Auto vor der Haustüre zu bewegen. Sein Vater hatte ihn ständig im Auge. Plötzlich waren Yuri und Auto weg. Wir setzten uns auf meinen Leihroller und suchten Yuri. Über eine Stunde suchten wir ihn. Ohne Erfolg.

Der deutsche Freund wollte unbedingt die Polizei rufen, und wir konnten ihn nur mit großer Mühe daran hindern. Er hatte Angst um seinen Leihwagen. Er alleine wäre dafür verantwortlich gewesen, wenn ein Schaden am Auto oder andere Schäden durch einen Unfall passiert wären. Als »Yuma« hätte er immer bezahlen müssen. Nach zwei Stunden stand das Auto plötzlich wieder ohne sichtbare Schäden vor der Haustür. Von Yuri keine Spur.

Am nächsten Nachmittag kam dann der erlösende Anruf. Yuri wusste, was nach der Autofahrt auf ihn zukommen würde. Er zog es vor, per Anhalter einige Hundert Kilometer weit zu seiner Tante zu trampen.

Im Nachhinein erfuhren wir dann, dass er seine Freundin mit dem Auto abholte und an eine ruhige Stelle fuhr. Neun Monate später wurde er Vater.

Waren wir nicht alle mal jung?

Die Patenschaft für das Kind, die man dem Deutschen anbot, lehnte dieser dann doch höflichst ab.

Einer der älteren Männer in der Straße fiel durch sein von der Sonne und vom tropischen Wind gegerbtes Gesicht und seine schiefe Nase auf. Er grüßte immer sehr freundlich und sprach mich eines Tages an, da er von seiner Enkelin hörte,

dass ich aus Deutschland käme. Er sagte mir, dass er ein großer Fan von Max Schmeling, dem Boxweltmeister aus Deutschland, sei. Er selbst war mehrfacher cubanischer Meister im Halbschwergewicht und trainierte jahrelang die Jugend aus Santiago de Cuba. Und dann schwärmte er von Max Schmeling und seinem Boxkampf gegen Joe Louis. Während des Erzählens schoss seine Rechte – mit Zeitverzögerung – nach vorn und die Linke ebenso langsam nach oben, sofort nahm er dann die Grundstellung wieder ein, eine linke Hand als Faust vor dem Gesicht, rechte Hand zur Faust geballt etwas darunter. Und so schilderte er den damaligen Kampf der beiden Schwergewichtler. Er kam ins Schwitzen und ich lud ihn zu einem Bier ein. Gerne, sagte er mir, hätte er ein Autogramm von seinem Idol.
Er zeigte mir dann das Trainingscenter, in dem er früher Jugendlichen die Technik des Boxens vermittelte. Die Anlagen wirkten schon arg ramponiert. Es schien an allem zu fehlen und, trotzdem waren die Jungs mit großer Begeisterung bei der Sache, denn sie wussten, wenn sie es ganz nach oben schaffen würden, ginge es ihnen in der Zukunft gut.
Als ich wieder zu Hause war, schickte ich Max Schmeling nach Hamburg einen Brief mit Foto und Namen des Boxers und bat ihn um ein Autogramm für den alten Boxer. Dieses und einen netten Brief erhielt ich dann ein paar Wochen später.
Ich gab den Brief und das Autogramm bei meinem nächsten Besuch dem Schmelingfan. Die alten doch schon müden Augen blitzten auf und strahlten vor Begeisterung. Jedem in der Straße zeigte er das Foto und den Brief. Wenn er einen deutschen Touristen traf, zog er die Autogrammkarte aus der Tasche und erzählte, dies sei sein Freund Max Schmeling aus Deutschland. Er war überaus glücklich. Und bei all meinen Besuchen dort wurde ich von ihm und seiner Familie immer wieder als Freund aufgenommen.
Trotz aller Schwierigkeiten halten die Bewohner der »Calle Marino« zusammen und keiner von ihnen möchte irgendwo anders wohnen.

Chicas

»Wenn Du als Single nach Cuba reist, kommst Du als verliebter Mann mit Schmetterlingen im Bauch wieder zurück.« Als ich dies meinem Freund Klaus sagte, lachte der nur. Er glaubte, dass so einem eingefleischten Junggesellen, wie er einer ist, nichts passieren könne. Kurz und schmerzlos: Es hat ihn voll erwischt. Er schwärmte von diesen Cubaladys wie sonst nur von seiner Harley Davidson.

Als er in Cuba ankam, glaubte er, im Paradies zu sein. Frauen, die noch gerne Frauen sind. Keine gepolsterten Busen, keine Lippen mit Gel ausgespritzt, die Haut des Gesichtes nicht straff wie das Fell einer Trommel, keine Markenklamotten und teure Parfüms – Natur pur. Und das natürlich auch deswegen, weil Kosmetika in Cuba recht teuer sind.

Zu Hause wollte er seinen Job schmeißen und nach Cuba ziehen, um dort zu arbeiten. Aber so etwas ist im Sozialismus fast unmöglich. Es ist ihm dann gelungen, trotz aller Warnungen seiner Freunde, seine Urlaubsliebe *Morley* nach Deutschland einzuladen. Blitzhochzeit! Danach war wochenlang »shoppen« angesagt. Nach kurzer Zeit schon fing der Alltag an. Morley wurde immer trauriger und langweilte sich sehr. Ständig lag sie Klaus in den Ohren, doch ihren Cousin einzuladen. Schließlich stimmte Klaus zu, dass ihr *»Primo«*, also ihr Cousin, zu Besuch kam. Hier musste er wieder in die Tasche greifen, denn so eine Einladung ist nicht gerade billig.

Nach Ankunft des »Primo« blühte Morley auf. Es ging ihr von Tag zu Tag besser. Klaus freute sich. So entspannt hatte er seine Frau bisher nur in den ersten Wochen nach der Hochzeit erlebt.

Und dass der »Primo« der cubanische Ehemann seiner ihm angetrauten Ehefrau gewesen ist, erfuhr er erst bei seinem nächsten Besuch in Cuba.
Seit dieser Zeit ist Klaus wieder Single und schwört Stein und Bein, dass die Geschichte wahr sei.
Es gibt Tausende hübsche und freundliche Chicas in Havanna. Chicas, die die einmalige Begabung haben, jeden Mann um den Finger zu wickeln.
Ihnen wird es aber auch sehr leicht gemacht. Aus vielen reichen Ländern kommen gut betuchte Herren, um sich für einige Tage oder Wochen zu entspannen. Bei ihnen sitzt das Geld ziemlich locker. Viele von ihnen sind alleinstehend, geschieden oder vielleicht auch schon ein wenig älter. Zu Hause kümmert sich kein weibliches Wesen um ihr Wohlergehen.
Die cubanischen Frauen sind sehr temperamentvoll. Das Wort Karriere kennen die Damen von der Karibikinsel nicht. Das überlassen sie den Männern. Emanzipation ist ein Fremdwort. Und langweilig wird es mit den Chicas ganz bestimmt nicht. Ihre Eifersucht ist sprichwörtlich.
Und alle möchten sie einen Ausländer heiraten. So wie Morley oder *Anita*.
Anita war Schönheitskönigin. Bei ihrem Anblick stockte einem der Atem. Ihr Körper kraftvoll und geschmeidig wie der eines schwarzen Panthers. Ein Gang, wie er nur cubanischen Frauen zu eigen ist, locker und provozierend.
Obwohl Anita mit einem Cubaner verheiratet gewesen ist, angelte sie sich ihren Traumprinzen aus Deutschland. Hartz-IV-Bezieher und angehender Rentner. Beide spazierten Hand in Hand durch Havanna. Sie 24 Jahre alt – er 63 Jahre alt, sie mit seidigem Haar, er ohne, sie mit langen Beinen, er mit kurzen, sie mit glatter Haut, er mit Sonnenbrand, sie mit strahlend weißen Zähnen, er auch, aber seinen Dritten.
Natürlich erzählte sie ihm, dass sie nicht verheiratet sei. Für ein paar Euro ließ sie sich drei Tage zuvor von ihrem Ehemann scheiden, eine sogenannte »Scheinscheidung«. Flugs nahm der »Liebeskasper« sie mit nach Deutschland und ehelichte sie. Nach fünf Monaten »Aus die Maus«!
Anita lernte bereits nach einem Monat Deutschlandaufenthalt einen ebenso alten, aber weitaus reicheren Mann kennen. Dieser war ein ehemaliger Bankdirektor mit reich gefülltem Konto. Anita hatte es geschafft. Sie hat sich in Cuba ein wunderschönes Haus gebaut, direkt neben der Holzhütte ihrer Eltern. Die Einrichtung auf beiden Etagen war vom Feinsten. Ihr *»geschiedener«* Ehemann in Cuba fährt nun einen renovierten Amischlitten. Ihr Vater einen Lada, beide Schwestern bekamen jeweils ein Elektro-Mofa und die Familie hatte nun immer genug zu essen. Raten Sie einmal, wer das alles bezahlt? Richtig, ihr lieber Bank-

direktor – getreu dem Motto einer bekannten deutschen Bank: »Leistung aus Leidenschaft«.

Anita fliegt dreimal jährlich nach Hause zu ihrem Mann. »*Warum*«, habe ich sie einmal gefragt, »*fliegt dein deutscher Bänker nie mit nach Cuba?*« Anita lachte herzhaft und prustete: »*Er wird nie erfahren, dass ich hier mit einem Cubaner zusammenlebe, er hat glücklicherweise Flugangst.*«

Anita ist nur eine von unzähligen Frauen in Cuba, die durch eine Heirat mit einem Europäer der Armut und Trostlosigkeit ihres Lebens entfliehen konnten.

Die hübsche *Gladys* hat einen im Ruhestand lebenden deutschen Richter geehelicht. Dieser besucht dreimal im Jahr seine 23-jährige Ehefrau. Zwischen den Besuchen bessert sie ihr Haushaltsgeld, das ihr der Rechtsgelehrte monatlich schickt, noch etwas auf. Sie zeigt männlichen Touristen die Stadt und manchmal noch ein bisschen mehr. Solange es ihr hier so gut geht und der monatliche Scheck eintrudelt, will sie in keinem Fall von der Insel. Denn hier ist sie zu Hause. Hier leben ihre Eltern, Geschwister und Freunde. Hier gibt es Meer und Sonne. Dies alles würde sie in Deutschland vermissen und wäre bestimmt sehr unglücklich.

Yanelis arbeitete im Hotel, wo sie einen Italiener kennenlernte. Ein Muttersöhnchen, ängstlich, schüchtern, aber reich. Ein Jahr lang zog sie ihn am Nasenring. In diesem Jahr war der heißblütige Italiener aus Kalabrien fünfmal in Cardenas bei seiner geliebten Yanelis. In all dieser Zeit gab es ab und an nur ein paar Küsschen und Händchenhalten. Für jede dieser kleinen Zärtlichkeiten musste der Italiener tief in die Tasche greifen. Yanelis vertröstete den verhinderten Liebhaber immer aufs Neue. Geld, Handy, Ringe, Kleider, Schuhe, Goldkette – sie sammelte in dieser Zeit alles, was zu bekommen war. Anschließend verkaufte sie es wieder und baute sich ein kleines, aber feines Häuschen. Ab und zu durfte der Mann aus Italien auch dort übernachten, musste sich allerdings mit einer Luftmatratze am Boden zufriedengeben. Die Bombe platzte, als der Mann unverhofft in Cuba auftauchte und die schwangere Yanelis mit einem kanadischen Touristen Hand in Hand erwischte. Für ihn brach eine Welt zusammen. Dass er nicht der Papa sein würde, war ihm klar. Er schimpfte und zeterte, wollte seine Ringe, Gold, Ketten usw. zurück. Alle Anwohner amüsierten sich über den Wutausbruch des kleinen Italieners, der im Überschwang seiner Gefühle die Schuhe auszog und nach Yanelis schleuderte. Versehentlich traf ein Schuh den Kanadier, was dieser gar nicht nett fand. Er verpasste dem Werfer ein paar Ohrfeigen. Zwischenzeitlich war die Polizei eingetroffen und nahm beide Ausländer mit zur Wache. Den Italiener barfuß, denn seine Maßschuhe hatten ja Flügel bekommen und waren plötzlich verschwunden.

Von den Streithähnen hat Yanelis nie mehr etwas gehört. Sie heiratete Monate später den Vater ihres Kindes, einen cubanischen Taxifahrer.

Bevor man eine temperamentvolle und heißblütige Cubanerin ehelicht, sollte man sich prüfen und verloben. Denn eine alte Binsenweisheit sagt: »*Manche Verlobungen enden glücklich, manche enden aber auch mit einer Hochzeit*«.

Die kleine Kneipe

Wissen Sie, wo das Wohnzimmer meines Freundes Henky ist? Natürlich nicht. Woher sollten Sie das, wenn Sie erstens, Henky nicht kennen, und zweitens, noch nie in Havanna gewesen sind.
El Angel de Tejadillo heißt die kleine Kneipe an der Ecke Aguaquate und Tejadillo. 30 Quadratmeter pure Lebensfreude. Morgens um acht werden die beiden Zinkrollläden hochgezogen und gehen erst gegen 22.00 Uhr wieder runter. Seit ich zum ersten Male vor 15 Jahren dort war, hat sich nicht viel verändert. Die Glocke *Rio Sagua* hängt noch an ihrem alten Platz und wird immer dann geläutet, wenn ein spendierfreudiger Gast eine Runde ausgibt. Dies ist meist nur dann der Fall, wenn sich ein Yuma hierher verirrt.
Ja und hier »*wohnt*« Henky. Zum Schlafengehen hat er nicht weit, denn um die Ecke in der vierten Etage stehen sein Bett und seine Schreibmaschine. An manchen Tagen fällt es ihm äußerst schwer, den Weg dorthin zu finden, was nicht allein den hohen Stufen geschuldet ist. Aus zuverlässiger Quelle, jedoch unter dem Siegel der Verschwiegenheit, schafft er den umgekehrten Weg manchmal bedeutend schneller.
Und hier in seiner Stammkneipe lernte ich ihn vor vielen Jahren kennen. Auf dem Tresen lag die »Süddeutsche« mit dem Vermerk »Für Henky«. *Siggi Kaden*, ein Maler aus München, und mit Henky befreundet, brachte ihm stets eine deutsche Zeitung mit. Ich hatte das Buch »*Salsa einer Revolution*« von Henky Henschel gelesen und freute mich, den Autor persönlich kennenzulernen.
Ich sprach mit den neben mir stehenden Personen und fragte sie, wer Henky sei. Als ich Henky ansprach, hatte ich das Gefühl, dass an diesem Tage die Glocke Sturm geläutet hatte. Denn der Schriftsteller aus dem fernen Deutschland mach-

Henky im Engel

Napoleon und sein Freund

te auf mich den Eindruck, als hätte er diesem Sturm nicht standhalten können. Ich flog am nächsten Tag nach Santiago de Cuba und traf ihn dann eine Woche später wieder. Und seit dieser Zeit treffen wir uns bei meinen Besuchen regelmäßig in dieser kleinen urigen Kneipe.

Imponiert haben mir die Kellner dieser Bodeguita. Wie in den *sozialistischen Paradiesen* üblich, fehlt an manchen Tagen einfach das ein oder andere. Einmal gibt es kein Bier, dann kein Wasser oder die Limonade wurde wieder einmal nicht geliefert. Alles kein Problem. Man gibt seine Bestellung auf mit etwas, was gerade fehlt, und einer der freundlichen Kellner läuft um die Ecke in eine andere Kneipe und bringt das Gewünschte ohne Mehrkosten. Wo gibt es das sonst noch? Verständlicherweise ist dann das Trinkgeld ein wenig höher als üblich.

Ein großes Porträt, das ich von Henky machte, hing in der Kneipe. Als ich wieder einmal die Straße Tejadillo hinunterging, sprach mich ein junger, lustiger Cubaner an, und fragte, ob ich wisse, dass der Bruder von Hemingway immer in dieser Kneipe verkehre? Ich verneinte und er meinte in dieser Kneipe gäbe es den besten Mojito von ganz Cuba. Stolz wie »Oskar« zeigte er mir das

Bild von Henky und behauptete frech, dies sei der Bruder von Hemingway. Ich spielte mit und fragte, ob er wisse, ob es der jüngere oder der ältere Bruder von Hemingway sei. Blitzschnell die Antwort – natürlich der jüngere. Er zog dann noch zwei an der Theke stehende junge Männer dazu, die dies mit dem Brustton der Überzeugung bestätigten. Auch den täglichen Besuch des Bruders von Ernesto Hemingway bestätigten sie. Außerdem sei er, schriftstellerisch gesehen, dem weltbekannten Nobelpreisträger weit überlegen. Und wenn ich möchte, würden sie mich gerne mit ihm bekannt machen. Und im gleichen Atemzug, ob ich ihnen einen Drink ausgeben würde!

Ich bestellte ihm ein Bier. Der junge Cubaner versuchte mir dann immer wieder einen Mojito schmackhaft zu machen *(man muss wissen, bei Mojito hätte er eine Provision erhalten, was beim Bier nicht der Fall war)*.

Und dann geschah das Wunder. Der »Bruder von Hemingway« stand in der Tür. Ganz aufgeregt zeigte der Cubaner dann auf Henky. Er ging auf ihn zu, sprach mit ihm und ich sah Henky nur lauthals lachen. Henky kam immer noch lachend auf mich zu und der Cubaner verschwand schneller als ein Mojito zubereitet wird. Henky erzählte mir dann, dass er ihm erklärte, dass ich der Fotograf des Porträts über der Theke sei. Wir lachten beide noch eine Weile und ich bestellte für uns beide dann »den besten Mojito von Cuba«.

Einmal fragte ich Henky, woher sein Name stamme. Genaues konnte er mir nicht sagen. Allerdings wusste er, dass es noch einen Henky im Rheinland gibt. Eine Touristin, die Havanna besuchte, schrieb Henky nach ihrem Besuch, ob sie ihren Sohn Henky nennen dürfte. Selbstverständlich willigte der Gefragte ein. Ein Schelm, der nun Vermutungen anstellt.

In dieser kleinen Kneipe verkehrt alles, was ohne Rang und Namen ist. Viele kommen kurz herein, kaufen einzelne Zigaretten oder eine Billigzigarre, trinken blitzschnell ihren Rum und sind schon wieder weg. Andere zählen den Rest des Geldes in der Hosentasche und prüfen, ob es noch für einen doppelten Rum reicht. Wieder andere diskutieren lange und heftig über Politik und Baseball. Ab und zu springt einer in die Kneipe und bietet Viagra an, das genau so falsch ist, wie das dabei gezeigte Lächeln. Aber alle kennen Henky und grüßen ihn. Und dennoch, wenn sie ihn am Abend heimbringen, merkt er am nächsten Morgen, dass sein Sparschwein immer dünner wird.

Einer, der von sich sagen kann, dass er der einzige Yuma ist, der Hausverbot in einer cubanischen Kneipe hat, ist ein studierter, mehrere Sprachen sprechender, langhaariger Alt-68er aus Deutschland. Zusammen mit Henky hat er hier schon den ein oder anderen über den Durst getrunken. Jahrelang haben sie den gemeinsamen Feind Alkohol vernichtet. Ihr Lieblingsgetränk war der »beste Mojito von Havanna«. Das Problem dabei, nach dem vierten oder fünften Mojito hatte er immer ein schlechtes Gewissen, denn er glaubte, dass er nicht genug »Kampfeswillen« gegen seinen Feind zeigte. Daher wollte er sich selbst immer noch mehr Rum aus der Flasche ins Glas gießen. Viele Male gelang ihm auch dieses, für ihn patriotische, Vorhaben. Beim achten Male allerdings erhielt er den ersten Verweis des ansonsten friedlichen Barkeepers. Der Wille, den Feind Alkohol zu schwächen, war aber so stark, dass er auch noch nach dem dritten Verweis »weiterkämpfen« wollte. Dies passte jedoch dem Barkeeper gar nicht. Und so gab ein Wort das nächste und *Napoleon* – so der Name des Barkeepers – setzte ihn vor die Tür und verhängte absolutes Hausverbot. Der Cuba-Fan hoffte, dass sein Freund Henky ihm helfen würde. Hier irrte er sich, denn dieser benötigte selbst Hilfe, da er »kämpferisch« seinem Feind unterlegen war, in diesem Trubel die Übersicht verlor, die Kraft der Erdanziehung spürte und sich schwankenden Ganges aus seinem »Wohnzimmer« verabschiedete. Und so hat sich durch das Lokalverbot der Umsatz der Kneipe halbiert und Napoleon sich letztlich selbst geschadet.

Ein Deutsch-Kanadier besuchte täglich den »*Engel von Tedajillo*«. Mehrmals im Jahr verbrachte er in der cubanischen Hauptstadt seinen Urlaub. Hier im »Engel« fühlte er sich wohl, hier kannte er jeden und jeder kannte ihn. Er zeigte Bilder aus seiner Heimat Kanada. Neben ihm stand ein weiß gekleideter und mit roten, weißen und blauen Perlenketten behängter Mann mit breiten Plastikperlenarmbändern am Handgelenk. Er aß mit der Hand Reis und Schweinefleisch aus der Pappschachtel und wollte die Bilder anfassen und ansehen. Verständlicherweise gab sie ihm der Mann aus dem hohen Norden nicht. Wer möchte schon gerne »Fettfinger« auf seinen Hochglanzbildern.

Er schien leicht angetrunken und wollte die Fotos unbedingt in Händen halten. Als der Kanadier ihn nach geraumer Zeit energisch bat, endlich Ruhe zu geben, zog der Mann in Weiß zum Erstaunen der Anwesenden einen Stiftzahn aus seiner oberen Zahnreihe, hielt ihn in die Höhe, und zeigte ihn rundum. Dieser Vorfall war aber schnell wieder vergessen. – Unbemerkt musste dieser Mann den Zahn in die Jackentasche des Kanadiers gesteckt haben. Dieser zeigte den Zahn am nächsten Tag lachend vor und warf ihn in den Rinnstein.

Was einige Tage später geschah, scheint unfassbar. Mitten in einer Männerrunde an der Bar fasste der Kanadier sich ständig an die obere Zahnreihe. Ein Schneidezahn wurde immer länger und länger, ehe eine halbe Stunde vergangen war, lag ein völlig gesunder Zahn aus einem völlig gesunden Oberkiefer auf der Hand des verdutzten Kanadiers.

Der Kellner im »Engel« machte ihn dann auf die Geschichte mit den fettigen Fingern und den Bildern aufmerksam. Und die umstehenden abergläubige Cubaner erklärten dem Yuma aus Kanada, dass er wahrscheinlich den »Babalao« beleidigt hätte und dass mit Voodoo nicht zu spaßen sei.

Ich, der von Anfang an diese Geschichte miterlebt hatte, wollte nicht glauben, dass es so etwas gibt. Und doch muss ich bestätigen, dass sich das Ganze, so wie beschrieben, abgespielt hat.

Und so ist kein Tag wie der andere im »Engel«. Immer gibt es etwas Neues und Aufregendes zu sehen oder zu hören.

Sicher wird irgendwann auch dieser wunderbaren, aufregenden Kneipe die Stunde schlagen.

Was wird dann mit der Glocke passieren?

Nachdem Sie die kleine Kneipe ein wenig näher kennengelernt haben, wird Sie Henky Hentschel nun durch sein »Wohnzimmer« führen und Ihnen Gäste und das Personal vorstellen.

Sommertage in Havanna, und alle hatten noch geschlossen, nur vor dem »Engel von Tejadillo« schoben sie früh morgens die kolonialen Zinkrollläden hoch. Kein Wunder, denn der Engel gehört zu den letzten Bars im alten Stil, die da stehen, wo sie hingehören – an der Kreuzung von zwei Straßen und nicht an ihrem Mittelstück.

Viele Säuferlokale schlossen in der letzten Zeit. Für Säufer mit Stil bleibt beinahe nur noch der »Engel«. Und deshalb öffnen sie auch an diesem heißen, von der Sonne breitgeschlagenen und scheinbar endlosen Sommertag so früh.

Man kann also in diese Kneipe von zwei Seiten hineinschauen. Bloß, dass einer der beiden Eingänge häufig von Polizisten besetzt ist. Aber daran hat sich die cubanische Welt längst gewöhnt, und so geht es hier eben zu, wie es in vielen Altstadtkneipen weltweit zugeht. Die Touristen lassen sich mit den Kellnern fotografieren, und nebenbei steigern sie den Umsatz. Am Sonntagmorgen um halb zehn läuten wie immer die Kirchenglocken. Im Viertel fahren zu dieser Zeit noch keine Autos. Die einzigen Geräusche kommen von den Hähnen auf den Flachdächern.

Die Stadt erwacht. Die Hähne verstummen. Die ersten Säufer kommen herein. Keiner hat ein schlechtes Gewissen. Sie haben lange genug gewartet, und wer früh anfängt, darf auch früh aufhören, das weiß hier drin jeder.

Niemand hat verstanden, was Fußball und Rum miteinander zu tun haben. Wahrscheinlich nur den Ort, an dem beides feilgeboten wird. Man könnte sich am Kopf kratzen ob solcher Erkenntnis. Ich tue das, und alles wird übersichtlicher. Aber nicht einmal die Hitze hilft mir, nüchtern zu bleiben. Ich nehme meine Hand wieder zu mir. Dahin, wo sie hingehört.

Die einsetzenden Gespräche nehmen Fahrt auf. Man hat etwas erlebt in der Nacht. Man ist einem Dieb auf die Schliche gekommen. Man hat die Geliebte abschweifen gesehen. Man hatte Ärger mit dem Schwiegervater und der 16-jährigen Tochter. Es ist nicht einfach in dieser Hitze. Aber noch ist keiner ausgerastet. Politik spielt bei diesen lautstarken Erzählungen keine Rolle. Erst jetzt, seit der sozialistische Staat das gesamte Wirtschafts- und Sozialsystem in massive Entlassungen und die Förderung der Arbeit auf eigene Faust umzuwandeln beginnt, wird den Leuten klar, wie gut sie es bisher hatten. Sie halten sich für Gewinner dieses Pokers und sind wie immer die Verlierer.

Aber zurück zum Fußball. Über dem Tresen und unter den Spiegeln hängen die Wimpel von Real Madrid, Schalke 04, dem FC Barcelona, von Racing Santander, Bilbao und Sevilla. In der zweiten Etage erscheint nicht zuerst Bayern München, sondern wir besuchen Baden, erkennbar an einem blau-weißen Wimpel, der oben Mannheim lobt und unten tief in die Geschichte des deutschen Fußballs eindringt *»Vergesst den Waldhof nicht!«.*

Die Touristen, die aus dem Museum für Cubanische Kunst schräg gegenüber kommen, fühlen sich zu Hause wie in ihrer badischen Stammkneipe, trinken Mojitos zuhauf und lachen heftig und laut mit den Kellnern. Manche fühlen sich etwas blau, aber daran stört sich hier niemand. Die Dollars beherrschen das Spielfeld, Waldhof hin oder her.

Die Bar ist ein architektonischer Schlauch. Ein Tresen, um den sich neun Hocker drängen. Hinter den Trinkplätzen hängen die Fahnen der Fußballer, die Zwischenräume füllen cubanischer Plüsch und Plunder, gespickt mit weiteren Fußballerfotos im Originaldress und Bildern von Angestellten, die ein Saarländer einmal machte. Über dem Ganzen liegt schon jetzt am Morgen laute Musik, und als das Radio versagt und ich sage *»Hau ihm einfach eine rein!«* – erfahrungsgemäß ein Allheilmittel bei älteren Elektrogeräten, die nicht mehr wollen – atmen die von der Bar auf und alles geht seinen gewohnten Gang.

Man kennt sich nicht nur vom Saufen. Man ist weitläufig verwandt oder arbeitet im gleichen Betrieb. Man schätzt sich und weiß um das Leiden der kranken Großmutter des Genossen auf dem nächsten Hocker. Die Kinder gehen in die gleiche Schule. Manche Väter bringen sie hin. Andere stehen im Dienste der Revolution, sind so etwas wie Lokalpolitiker und sorgen für das Rechte und manchmal auch für das Linke. In den Komitees zur Verteidigung der Revolution sitzen viele Mütter. Es gibt jeden Morgen etwas zu besprechen oder zu diskutieren. Revolution ist nicht so einfach. Manches sagt man besser zu Hause. Aber der »Engel« ist das Zentrum des kleinen Viertels in der Altstadt. Trotzdem fliegen manchmal Gläser, die die Kellner von ihrem kargen Lohn gekauft haben und auf die sie höllisch aufpassen. Ein Monatsgehalt entspricht dem Preis für ein paar Gläser, so will es die Revolution, so will es die revolutionäre Lehre und ebenso die Praxis des grauen Alltags, so will es der Chef, dessen Namen man nicht ausspricht.

Zwischen Ananasfrüchten und Werbung für Kondome geht es gegen zehn Uhr. Einer ist eingeschlafen und hat die Arme auf dem Tresen verschränkt. Niemand stört sich daran. Es gibt Freiräume in dieser sogenannten Diktatur. Man muss sie nur zu finden wissen. Ein Meister in dieser Kunst war jahrelang Bruno, der vom Militär. Er hat es übertrieben und ist immer öfter vom Hocker gerutscht. Trotz allem Verständnis der Übrigen ist er schließlich verstorben.

Auch Raul hat es erwischt, den Mann, dessen Krächzen selbst Krähen zum Schweigen brachten, wenn er wie so häufig gut drauf war und das auch jedermann spüren ließ. Das ehrende Gedenken im Engel – Rum für alle.

Der »Engel« liegt an der Kreuzung zwischen den Straßen Aguacate und Tejadillo, beide im Herzen der Altstadt. Mit Tejadillo sind Ziegeldächer aus Mönchen und Nonnen gemeint. Davon gibt es eigentlich nur noch eines in dieser Straße, das die Besucher des Hotels »Florida« gegen den Regen schützt. Der Rest der Gebäude wehrt sich mit Flachdächern, aber die Straße hat ihren Namen behalten. Schließlich hatte hier vor vielen Jahren ein heute berühmter Mann und Revolutionär namens Fidel Castro seine Gemeinschaftskanzlei. Und dieser junge Rechtsanwalt machte es den Leuten vor. Der so häufig Totgesagte schlägt auch jetzt dem Sensenmann noch mal ein Schnippchen.

Die Gespräche werden wieder eine Spur leiser, einige sind zur Arbeit gegangen. Aber das Radio kennt keine Gnade. Es singt vom Schicksal der Bauern und ihrer Geliebten, und jetzt ist der Augenblick gekommen, sich diese Gesichter anzuschauen, Gesichter in allen Hautfarben. Der Schwärzeste ist ausgerechnet Weißler von Beruf und handelt mit gestohlenen Farben, der hellste, zweifellos ein Spanier der dritten Generation, sieht aus, als hätte er seine Haut noch nie der Sonne ausgesetzt. Aber auch er baut auf seine Gewohnheiten. Ein Gläschen vor dem Frühstück hat noch keinen umgebracht, also nimmt er es sich täglich als Erster des Haufens, und dann spricht er russisch und fühlt sich wohl.

Erste Touristen, nein, sie schneien nicht herein, das geht nicht bei diesen Temperaturen, sie betreten die Kneipe mit schüchternen Blicken, um die Eingeborenen zu beschauen, und als der Erste eine Runde Mojito *(Minze, Rum, Eis und Wasser)* für die Angestellten ausgibt, steigt der Stimmungspegel beträchtlich, sodass selbst die Fahnen von Norwegen und Spanien ins Wackeln kommen.

Der Tag hat begonnen im »Engel«. Es kann angeschafft werden. Die Hiesigen kennen die Regeln, die Ausländer freuen sich darauf, ihr Geld auf einer vernünftigen Ebene loswerden zu können. Gegen Mittag brummt der Laden wieder einmal. Wenn was nicht wunschgemäß läuft, schicken wir unsere mehrsprachige Kellner vor, die über Schalke 04, den SV Waldhof Mannheim und den FC Barcelona weit ausholend zur Sache kommen, immer mit diesem Mojito in der Hand.

Wer trotzdem noch zwischen den gedrechselten Fensterstäben durchschaut, dessen Blick fällt auf die Yacht »Granma«, mit der Fidel Castro von Mexiko kommend übergesetzt ist, um auf den Startknopf der Revolution zu drücken oder auf den des Präsidentenpalastes nahe beim »Engel«. Den hatten in den Fünfzigerjahren Studenten zu erstürmen versucht, um Batista zum Teufel zu jagen oder auch hinunter zum »Morro«, dem Leuchtturm, der zum Symbol geworden ist, während ausgerechnet die Amis den Malecon, die Uferstraße, bauen ließen. Hinter der Bar leuchten bunte Plastikstrohhalme, denn die braucht der verwöhnte Gast, darüber hängen Topfpflanzen und Werbeaufkleber, Zigaretten gibt es einzeln für 35 Centavos das Stück, und viele alte bis uralte Damen holen sich am Morgen ihren Tagesstumpen, Ein-Peso-Cubano das Stück, und sie rauchen das Zeug, denn immerhin handelt es sich um eine echte Havannazigarre. Außerdem schauen Schwarzhändler vorbei und bieten alles feil, was zwischen Fotoapparat und Unterhose passt. Das alles spielt sich zu Füßen des neuen chinesischen Kühlschranks der Marke Haier ab, denn diese Kühlschränke musste vor Monaten jeder cubanische Haushalt erwerben, ob der nun das Geld dafür hatte oder nicht. Im Notfall gab der Staat einen billigen Kredit, denn auf dem Programm des politischen Jahres stand ganz oben Sparsamkeit, und damit war Stromsparen gemeint.

Vom Betrachten der Gesichter war es kein großer Schritt bis zu einem Blick durch die fast leeren Höhlen der Fenster hinaus auf die Gegenseite der Straße Aguacate mit ihren Fassaden aus der Kolonialzeit, den Säulen, den schmiedeeisernen Gittern und den Balkonen. Wer sich hier erst einmal festgesetzt hatte, der kam nicht so schnell wieder zurück in sein modernistisches Hotel.

Es wird neun Uhr am Abend, bis die Bar schließt. Das letzte Licht saust davon, jetzt in die Gegenrichtung, aber der »Engel« bleibt in Form des Fotos einer wunderschönen Mulattin über dem Ende des Tresens hängen, und die scheint zu lächeln, als herrsche sie über die Gefühle der Männer zu ihren Füßen. Dann geht endlich die Tür zu.

Tanz- und Musikgruppe im Zentrum

Bici-Taxi

Die Transportmöglichkeiten in Cuba sind – auch wegen des Handelsembargos und der daraus resultierenden Benzinknappheit – sehr eingeschränkt. An allen Ausfallstraßen sieht man Menschen, die per Auto-Stop weiterkommen möchten. Etwas besser ist die Situation in der Hauptstadt Havanna. Seit kurzer Zeit verkehren hier die ganz normalen Omnibusse. Das war nicht immer so. *»Kamelion«* hießen die Ungetüme von Bussen, die durch Havanna fuhren und ständig überfüllt waren. Sie sahen aus wie Kamele – daher ihr Name.

Außerdem gibt es die staatlichen Taxis. Hier findet man zahlreich Mercedes, Audi oder Lada. Alle sind mit Taxameter ausgestattet und die Preise sind festgeschrieben. Man erkennt sie an den blauen Nummernschildern. Seit es aber die *»Arbeit auf eigene Rechnung«* gibt, fahren auch immer mehr alte Autos als Taxen durch Havanna. Hier wird mit dem einheimischen Peso Nacional bezahlt, und der Preis ist oft verhandelbar. Obwohl viele von ihnen aussehen, als ob sie nicht mehr allzu lange fahren würden, täuscht dies. Die meisten Oldtimer haben nicht mehr die Originalmotoren, sondern Aggregate von Peugeot, Citroën, Mazda oder russische Motoren, teilweise auch englische Maschinen eingebaut. Und alle diese Motoren sind umgebaut und fahren mit Petroleum. Da Petroleum nur ein Bruchteil des Benzins kostet, sind diese Autos das kostengünstigste Verkehrsmittel. Diese Taxen haben gelbe Nummernschilder.

Als Drittes gibt es auch noch die sogenannten »Coco-Taxis«. Das sind kleine, gelbe, dreirädrige Flitzer, die man im ganzen Stadtgebiet sieht. Der Fahrpreis ist auch hier verhandelbar. Sie sind mit blauen Nummernschildern bestückt, da sie für den Staat fahren.

Am häufigsten jedoch sind die Bici-Taxis. Bici-Taxis haben ebenfalls drei Räder, werden aber mit Muskelkraft angetrieben. Insider glauben, dass es in Havanna mehr als 3000 dieser originellen Transportgeräte gibt. Ähnliche Fahrradtaxis gibt es in Indien und China, dort heißen sie Rikscha.
Mit Eddy, einem Urgestein unter den Bici-Taxifahrern, verbrachte ich einen ganzen Tag auf den Straßen von Havanna. Um es vorwegzunehmen: Ein Kuli hat es leichter. Morgens um 7 Uhr beginnt seine Schicht. Sie wird um 10 Uhr am Abend enden. Die Pausen sind immer dann, wenn Eddy keine Gäste transportiert. Und das kommt öfter vor als ihm lieb ist. Trotzdem kann er sich glücklich schätzen, dass er Eigentümer des Bici ist. Als Mieter müsste er nämlich wie alle anderen Mieter täglich 5 CUC Miete an den entsprechenden Eigentümer zahlen. Einen festen Standplatz hat er nicht. Trotzdem sucht er, wenn möglich, immer einen Platz auf, von dem er weiß, dass er hier den einen oder anderen Kunden findet.
Gegen 7.30 Uhr dann endlich die erste Fahrt. Da ein Cubaner Kunde ist, wird die Strecke in Moneda national berechnet und bezahlt. Die Fahrt kostet 20 Cubanische Pesos *(24 Cubanische Pesos sind 1 CUC, der etwa 0,80 Euro ent-*

spricht). Die nächste Fahrt bucht ein Tourist und zahlt für eine kurze Strecke zwei CUC. Besser wird es mit der dritten Tour um die Mittagszeit. Zwei Touristinnen aus Schweden möchten zur Kathedrale, hier kassiert Eddy fünf CUC und strahlt über das ganze Gesicht. Für drei wäre er auch gefahren. Er kann es sich nicht leisten, Kunden an die Konkurrenz abzugeben.

Die Fahrten sind nicht ungefährlich. Lkws und Busse wissen, dass sie die Stärkeren sind. Fußgänger springen über die Fahrbahn. Auch die unzähligen Pferdefuhrwerke benutzen wie alle anderen die Straße. Und mittendrin, die Bici-Taxis. Ohne Licht und Blinker sind sie am Abend noch schwerer auszumachen als am Tage. Immer eine Lücke suchend, flitzen diese Leichtgewichte zwischen den einzelnen Verkehrsteilnehmern umher. Für Menschen mit Rückenproblemen sind sie eher ungeeignet. Jedes Schlagloch strapaziert die Bandscheiben. Und Schlaglöcher gibt es hundertfach, mehr als Bici-Taxis in Havanna. Die Fahrer versuchen, diesen Löchern in den Straßen auszuweichen, derart, dass ihr Fahrstil dem eines europäischen Autofahrers mit 3,5 Promille gleicht.

Und dann täglich das Einatmen der benzin- und dieselgeschwängerten Luft. Die Qualität des Kraftstoffes ist nicht besonders gut. Es wundert daher nicht, dass viele Kraftfahrzeuge schwarze Rauchwolken hinter sich herziehen. Und mittendrin die Bici-Taxi-Fahrer, die gute Luft genau so dringend benötigen wie Devisen.

Luft für die Reifen des Bici kostet übrigens ein Peso Cubano. Für das gleiche Geld bekommt man eine Banane. Von denen isst Eddy einige am Tage, denn die Strampelei kostet Kraft. Jetzt, gegen Mittag, hält er an einem Privathaus. Hier kann er für wenig Geld eine richtige Mahlzeit zu sich nehmen. In einem Pappkarton befinden sich Reis und ein Stück Schweinefleisch. Dieses wird sitzend auf dem Sattel des Rades mit der Hand gegessen. Mangels einer Gabel oder eines Löffels wird der Reis mit dem *Carnet* – unserem Personalausweis gleich – gegessen. Das Carnet ist eingeschweißt und recht stabil. Es wird in der Mitte gebogen, und jetzt als »Reisaufnahmegerät« benutzt. Nach Beendigung der Mahlzeit wird es mit Wasser aus der mitgebrachten Flasche gereinigt, und ist so wieder für die nächste Mahlzeit oder Polizeikontrolle verwendungsfähig.

Bici-Chauffeur ist ein schwerer und anstrengender Job. Es gibt wahrlich Arbeiten in Cuba, die einfacher sind. Speziell ein Kollege von Eddy hat es nicht leicht. Mit nur einem Arm lenkt er das Fahrrad durch das Verkehrsgewühl. Er transportiert auch Waschmaschinen und Kühlschränke. Besonders schwer hat er es, wenn er zwei Personen – eventuell noch mit Übergewicht – transportieren muss.

Eddy, der Taxifahrer

Taxi »Corps Diplomatique«

Weiter geht es mit einer Tour in die Nähe des Capitolio. Das bringt fast ein CUC ein. Nach einer weiteren Stunde ein Miniauftrag für 0,50 Cent.
Das Bici-Taxi, das Eddy fährt, ist ein Eigenbau. Den Rahmen hat er günstig gekauft. Ebenso die Räder und den Antrieb. Alles andere hat er in mühevoller Kleinarbeit mit seinen Freunden zusammengebaut. Alles in allem ist er mit 350 CUC sehr gut weggekommen. Eine Fabrik für den Neubau der Taxis gibt es nicht. Entweder baut jeder, wie er kann und möchte, oder aber diese Geräte werden aus China importiert. Neu sollen diese Spezialgeräte so um die 1200 CUC kosten. Allerdings besitzen diese dann doch einiges an Komfort; Dreigangschaltung, was enorme Vorteile bringt, bunt lackiert, stabile komfortable Sitze, Federung und viele Kleinigkeiten mehr. Die Billigausführung bekommt man bereits für 600 bis 800 CUC.
Vom Verkehrsministerium wird eine kostenpflichtige Genehmigung ausgestellt, die jeder Fahrer mit sich führen muss. Ebenso ist der Abschluss einer Versicherung Pflicht. Von der Polizei wird oft und viel kontrolliert, sodass jeder Lenker bestrebt ist, seine Papiere dabei zu haben, um einer »*Multa*«, einer Strafe, zu entgehen.
Bis zum Abend kann Eddy noch drei Fahrten unternehmen. Seine Tageseinnahmen liegen bei rund zehn CUC. Nicht übel, wenn man bedenkt, dass das Monatseinkommen eines Arbeiters gerade einmal das Doppelte beträgt. Trotzdem – möchten Sie sich Tag für Tag so abrackern und so wenig einnehmen?
Eddy jedenfalls ist zufrieden. Nicht nur, weil er noch Junggeselle ist, sondern auch, weil er seinen Job liebt und davon leben kann. Und dass er all sein Herzblut in seine Arbeit steckt, merkt ein jeder, der einmal mit ihm gefahren ist. Original cubanische Musik beschallt den Fahrer und den Fahrgast, denn Eddy hat eine komplette Lautsprecheranlage installiert und mit seinem Memorystick verbunden. So macht Bici-Taxifahren wirklich Spaß. Und wenn er dann noch sein ohrenbetäubendes Pressluftthorn ertönen lässt, wissen alle – Achtung Eddy kommt!
Am Abend wird das Taxi zu einem überdachten Parkplatz gebracht. Hier steht es sicher. Für fünf Peso Cubanos kann es sich ebenso ausruhen wie Eddy. Denn morgen früh um sieben Uhr beginnt für beide wieder eine neue Schicht und es erwartet sie wieder ein neues Abenteuer auf den Straßen von Havanna …

Leben und Überleben im »sozialistischen Paradies«

Das Leben ist für die cubanische Bevölkerung nicht einfach. Jeder versucht in irgendeiner Form über die Runden zu kommen. In dieser Situation sind die Cubaner sehr erfindungsreich. Aber lesen Sie selbst.
Mein Frühstück nahm ich heute im Hotel Inglatera ein. Kaffee, Saft, Brot, Butter, Omelette, kleine süße Kuchenstückchen und natürlich Obst und das alles für sechs CUC.
Ich zahlte mit einem Zehn-CUC-Schein und erhielt vier Peso-Münzen zurück. Zwei davon waren allerdings dem CUC zum Verwechseln ähnliche Pesos in der nationalen Währung mit der Abbildung von Che. Diese Münzen werden gerne an Touristen als CUC Münzen gegeben. Der Verdienst ist im Verhältnis schon enorm, denn vier dieser Münzen haben den Wert von einem Peso Convertible (CUC). Bei der Rückgabe der zwei Münzen an die Kassiererin entschuldigte sich diese, dass sie ihre »Brille« vergessen hätte.
So ist das in Cuba. Die Touristen haben eigenes Geld, den CUC (Cuban Convertible Peso) und die Cubaner haben die einheimische Währung MN (Moneda National). Im Tauschkurs zwischen beiden entsprechen 24 MN in etwa einem CUC. Rentner erhalten im Monat 250 MN, der Mindestverdienst beträgt 220 MN. Der CUC ist den Touristen vorbehalten. Das ist aber nur in der Theorie so. Die Touristen kommen an MN und die Cubaner an CUC. Um an CUC zu kommen, lassen sich die Cubaner die tollsten Sachen einfallen.
Bei einer Bank wechselte ich 100 Euro und erhielt dafür 140,75 CUC. Ein sehr guter Wechselkurs. Die Bankangestellte legte mir zunächst das Kleingeld hin. Dann zählte sie mir 140 CUC in Scheinen zu je 20 CUC vor. Dann gab sie mir die Scheine. Ich zählte nach. Da waren es nur noch 120 CUC. Ich zählte ein

zweites Mal, es waren immer noch nur 120 CUC. Ich gab die Banknoten zurück, mit der Bitte, sie möchte mir die Scheine noch einmal vorzählen. Siegfried und Roy hätten an ihrer Schnelligkeit die hellste Freude gehabt. Für das Auge kaum sichtbar, verschwanden die Banknoten im Bruchteil von Sekunden unter dem Schalter, kamen wieder hervor und tatsächlich, es waren, als ich dann langsam nachzählte, 140 CUC. Zauberhaft gewechselt. Auch das ist eine Möglichkeit an CUC zu kommen – sie wird am Tage duzende Male praktiziert.

Ein besonderes Phänomen scheinen die elektronischen Kassen in diversen Geschäften zu sein. Sie kaufen fünf Artikel, auf dem Kassenbon erscheinen aber sechs oder sieben Artikel. Wenn Sie sechs Artikel kaufen erscheinen sieben Artikel usw. Selbstverständlich kostet der nicht gekaufte Artikel auch etwas. Es kommt gerade auf die Laune der Maschine an. Einmal sind es nur 50 Cent, ein anderes Mal ist es ein CUC. Vielleicht sind diese elektronischen Kassen aber auch wetterfühlig. Einige Male stimmte die Anzahl der gekauften Gegenstände, trotzdem stand als Endsumme ein CUC mehr auf der Rechnung. Allerdings habe ich noch nie erlebt, dass bei nur einem gekauften Artikel diese Teufelskassen falsch rechnen.

Diese Kassen scheinen ein Eigenleben zu entwickeln und schlau sind sie obendrein. Sie können unterscheiden zwischen Einheimischen und Touristen. Bei Vergleichen oder dem Kauf der gleichen Artikel im gleichen Geschäft mit Bezahlung an der gleichen Kasse hatte die Kasse den Touristen erkannt und ihm ein CUC mehr berechnet. Solche intelligenten Registrierkassen scheint es nur in Cuba zu geben.

Einen Kassenbon nach dem Einkauf zu erhalten, ist fast so schwer, wie im real existierenden Sozialismus Zement zu erwerben. Warum wohl? Entweder ist die Kasse »defekt« oder die Papierrolle ist gerade ausgegangen. Und wenn man darauf besteht und dann doch noch einen Bon erhält – siehe oben.

Darüber hinaus scheinen die Kassen, diese Wunder der elektronischen Technik, noch einen ganz beträchtlichen Teil an Humor zu besitzen. Am Ende des Bons stehen nicht nur Tag, Monat und Jahr sowie der Name der Person, die alles eingibt, sondern auch *Vuelva Pronto*, was frei übersetzt bedeutet: »Besuchen Sie uns wieder!«

Ja, und die allerschönste Erklärung habe ich von einer Kassiererin gehört, die ich darauf hingewiesen habe, dass ein Artikel zu viel berechnet wurde. Da ihre elektronische Kasse aus Amerika kam, könnte es möglich sein, dass die Amerikaner einen Fehler in die Elektronik der Kasse eingebaut hätten.

Bei soviel Kreativität mit der Wahrheit lasse ich mich doch gerne beschummeln.

Jeder versucht, in irgendeiner Form zu überleben. Sehr kreativ in dieser Hinsicht ist *El Pidio*, seines Zeichens Straßenkehrer in der Altstadt von Havanna. Mit den einfachsten Mitteln ist es ihm gelungen, bei den Touristen Aufmerksamkeit zu erregen – ein Hut, daran befestigt schlicht und einfach eine kleine cubanische Flagge. Die Krempe des Hutes ist hochgebogen und auf der freien Fläche steht ganz normal *Cuba*.

Wenn ein Tourist ihn nun bei der Arbeit, oder auch während seiner Pause fotografieren möchte, macht er ihn darauf aufmerksam, dass dieser Akt einen CUC kostet. Bei der Zusage des Touristen steckt er sich, um das Bild eines Cubaners abzurunden, noch eine Zigarre in den Mundwinkel. Mit einer brennenden Zigarre wurde er noch nie gesehen, da er Nichtraucher ist.

Verständlicherweise geht er sehr gerne arbeiten, denn sein *Nebenverdienst* ist an manchen Tagen höher als sein Monatslohn. So kann er es auch verschmerzen, dass viele Yumas nicht nur auf den Auslöser, sondern sich auch vor dem Bezahlen drücken.

Gute Ideen werden sofort kopiert. Seit ein paar Tagen sitzt Raul in der Nähe des Schokoladenmuseums mit Strohhut und Cubafähnchen auf einer Treppenstufe. Im Gesicht keine der üblichen Zigarren – dafür aber ein sympathisches Lächeln. In Händen die Parteizeitung »Granma«. Eifrig studiert er diese; wenn allerdings ein Fotoapparat gezückt wird, erhebt er den Zeigefinger! Cuba – Erfahrene wissen dann: ein Foto gleich ein CUC. Ist keiner bereit den CUC zu zahlen, wird das Gesicht mit der »Granma« abgedeckt. Ich kann mir vorstellen, dass Raul abends Muskelkater in beiden Armen hat.

Seit einem Jahr ist auch ein Trompeter in der Altstadt unterwegs. Er wechselt immer nach wenigen Minuten seinen Arbeitsplatz. Erst nach einiger Zeit wusste ich warum. Bei meinen Spaziergängen sah ich ihn einmal an der Kathedrale, dann vor dem Hotel Ambos Mundos. Auf dem Platz San Francisco spielte er ebenso wie am Malecon und im Parque Central. Ja, sein Repertoire scheint begrenzt zu sein. Er spielt immer das gleiche weltbekannte Stück: »Stille Nacht, Heilige Nacht«. Dies hat schon was, wenn bei 40° C im Juli Trompetenklänge hörbar sind, die eher Gedanken an Schnee und Kälte aufkommen lassen.

Er scheint aber Erfolg damit zu haben, denn wie könnte es sonst sein, dass er mit diesem Stück seine gesamte Familie das ganze Jahr über ernähren kann.

Ein anderer Musiker hat als Arbeitsplatz den Malecon erwählt. Hier sitzt er Tag für Tag und bringt seine Posaune in Stellung. Er entlockt diesem Instrument nur wenige Töne, denn wie er sagte, kann er nicht ständig darauf spielen, denn die Abnutzungserscheinungen seien gewaltig. Und in der Tat: Über und über ist die

Posaune mit Klebeband und Leukoplast notdürftig repariert. Der Schiebemechanismus ist ausgeleiert und das Mundstück ist mit Isolierband beklebt, dass es nicht aus dem Einstückrohr fällt. Der verhinderte Musikus bringt die Posaune immer so in Stellung, damit die Touristen das beste Motiv fotografieren können. Und wenn er dann als Dank eine Münze erhält, spielt er tatsächlich eine kurze Weile. Wie er betonte, trinkt er kein Bier und keinen Rum, auch kein Mojito kann ihn reizen. Von dem, was er einnimmt, lebt er. Außerdem spart er eisern für ein neues Instrument, damit er einmal in einem richtigen Orchester spielen und Geld verdienen kann.

Ein Papagei kann auch seinen Besitzer ernähren. Eigentümer dieses bunten Vogels ist eigentlich ein Rentner. Tageweise verleiht er den Papagei an den findigen, gehbehinderten »Geschäftsmann« Carlos. Dieser spaziert mit dem Tier auf der Schulter durch Havanna. Wenn er dann Menschen mit Fotoapparaten sieht, spricht er sie an, setzt den Papagei auf ihre Schulter und der Partner fotografiert. Besonderen Erfolg hat er bei Eltern mit Kindern. Manchmal erntet er aber auch weniger freundliche Blicke, wenn der gefiederte Freund »weiße Spuren« hinterlässt.

Unzählige skurrile Gestalten bevölkern die Altstadt. *Juana de la Cuba* und viele anderen sagen Ihnen aus den Karten die Zukunft voraus. Kaum entkommen kann der männliche Tourist vor Anita und weiteren 20 geschmückten Mädchen mit Blumenkörben. Die Männer werden von den Chicas eingehängt, geküsst und schon ist wieder ein CUC fällig. *Rodobalda*, der alte Revolutionär, sitzt nur am Place de Armas und lässt sich fotografieren. Noch nie habe ich gesehen, dass er dafür die Hand aufhält. Trotzdem erhält er den einen oder anderen CUC. Lange Zeit war auch *Louis* einer von ihnen. Gepierct mit über 120 Gegenständen im Gesicht ist er ein willkommenes Motiv. Nicht zu vergessen »der Mann mit dem Fass«. Was dieser mit einem alten Ölfass anstellt, ist zirkusreif. Wenig verdient auch der Clown des ehemaligen cubanischen Staatszirkus. Täglich rennt er geschminkt und in voller Verkleidung durch die Altstadt mit den Worten »Foto, Foto«. Dabei trägt er eine selbst gebastelte Kamera vor sich her. Auch er verdient sich ein paar CUC zu seiner spärlichen Rente dazu. Nicht zu vergessen *Dandy*, *Che* und weitere Personen aus dem cubanischen Alltag.
Rafael mimt den bekanntesten Sänger Cubas *Benny More*. Er sieht ihm aber auch zum Verwechseln ähnlich. Seine Partnerin Luz tanzt mit ihm zusammen zur Livemusik vor der Kathedrale. Rafael kann trotz seines beträchtlichen Alters immer noch tanzen wie ein junger Gott. Tanzen ist für ihn Lebenselixier. Beine und Arme verrenkt er, als ob sie aus Gummi wären. Und auch dieses Pärchen lebt von dem, was ihnen die Touristen in den Hut werfen.
Aleida liest aus den Karten, während *Wilki* den harten Revolutionär gibt. Seit ich sie kenne, trennen sie sich wenigstens einmal im Jahr, worauf sie im Jahr danach wieder ein Paar sind. So ist wenigstens die Hälfte ihrer Ehe glücklich.
Einer der meist fotografierten ist kein Mensch, sondern ein Hund – *Pillo Chokolate*. Pillo's Herrchen ist *Roberto Gonzales*. In dritter Dackelgeneration zeigt er Kunststückchen, die er den Vierbeinern beigebracht hat. Die meisten Lacher erhalten Robert und sein Dackel dann, wenn er ihm eine amerikanische Dollarnote hinhält und Pillo fürchterlich wütend zu bellen anfängt. Dies ist allerdings nur eines der vielen Kunststückchen, die der intelligente Hund beherrscht. Ebenso wie sein Vorgänger und Vater ist Pillo Maskottchen der cubanischen Baseballmannschaft. Auch auf diese Art kann man in Cuba überleben.
Eine Marktlücke in diesem Genre könnte ein Mann füllen, der das Aussehen von *Ernesto Hemingway* hat. Er fehlt noch in dieser Sammlung. Mit seiner Ähnlichkeit mit dem Schriftsteller, Großwildjäger und Frauenversteher hätte er die richtige Voraussetzung, wirklich Geld zu verdienen.

Die Vermarktung von Hemingway in Havanna ist bewundernswert. Gleich an drei Stellen könnte das Double arbeiten. Zunächst im Floridita. Dort soll er angeblich täglich seinen Daiquiri getrunken haben. Busladungen mit Menschen werden dort hingebracht. Trinken für teures Geld das gleiche wie seinerzeit Hemingway und lassen sich neben seiner Büste an der Theke ablichten.

Des Weiteren soll er in der Bodeguita del Medio, also »in der kleinen Kneipe in der Mitte« täglich mehrere Mojitos getrunken haben. Auch hier stehen von morgens bis abends Touristen, die Mojitos probieren und der Musik lauschen. Ein weiterer Arbeitsplatz für den Hemingwaydarsteller könnte das Hotel Ambos Mundos sein. Hier hat der amerikanische Schriftsteller gewohnt und auch geschrieben.

Sehr viele Touristen würden sich sicherlich mit ihm fotografieren lassen, und ein Autogramm gäbe es obendrein.

Und so versucht in Havanna jeder auf seine Art etwas zu verdienen, um im sozialistischen Alltag zu überleben. Der eine so und der andere so.

Señor »Elegante«

Was passiert, wenn . . . ?

Was passiert mit Cuba nach dem Ableben von Fidel Castro?
Genau so gut könnte ich die Lottozahlen vom nächsten Samstag voraus sagen, oder den nächsten Hurrikan oder den nächsten Ausbruch des Vesuvs.
Jeder, den man zu diesem Thema befragt, hat seine Meinung. Aber keiner kann sich die Zukunft ohne Fidel vorstellen. Aber es wird so sein.
Die Regierungsgeschäfte hat er – krankheitsbedingt – bereits abgegeben. Sein Bruder Rauel hält nun nach der cubanischen Verfassung alle Fäden in der Hand. Aber es gibt noch weitere Personen, die als Schlüsselfiguren gelten: Rouqe Perez, der Außenminister, Ricardo Alarcon und Carlos Lage, der in punkto Wirtschaft bestimmt einiges mitreden wird.
Vor ein paar Wochen war ich wieder in Havanna. Ich habe mit vielen Leuten dort gesprochen, mit Taxifahrern, Rum- und Zigarrenverkäufern, Touristikern und sonstigen Menschen auf der Straße. *»Fidel«* sagte einer, *»wird noch zwei oder drei amerikanische Präsidenten überleben«*, und zwinkerte mit dem Auge, *»aber wenn er einmal nicht mehr sein wird, wird es weitergehen wie bisher«*.
Politisch wird sich nichts ändern. Wirtschaftlich wahrscheinlich schon. Die Schraube wird man ein wenig zurückdrehen und den Cubanern wird man erlauben, mehr Eigen- und Privatiniative zu entwickeln. Der Anfang ist gemacht. Autos und Häuser dürfen verkauft werden.
Der amtierende Raul Castro hat schon kleine Korrekturen in dieser Richtung gewagt. So gilt jetzt ein Gesetz, das den Unternehmern erstmals die Möglichkeit gibt, Mitarbeiter zu entlassen. In den letzten 47 Jahren ein Unding. Bisher war es so, dass alle Bürger Arbeit und Einkommen haben sollten. Nach Angaben der Regierung gibt es nur 130.000 Arbeitslose. Alle, die entlassen wurden wegen

mangelndem Arbeitseifer oder dergleichen, erhielten trotzdem 70 Prozent ihres Gehaltes (was bei 15 CUC Durchschnittslohn nicht üppig ist).

In der Wirtschaft geht es momentan – dank der engen Zusammenarbeit mit dem in Öl schwimmenden *Hugo Chavez* aus Venezuela – ständig aufwärts. Solange er Cuba nahe steht, wird es dem Land wirtschaftlich gut gehen. Das Prinzip lautet: sehr günstiges Öl gegen sehr günstige Dienstleistungen cubanischer Ärzte. Die Armee hat unter ihrem Chef Raul Castro praktisch die Kontrolle über die gesamte Wirtschaft. Diese Wirtschaft boomt. Laut Regierung gibt es einen Zuwachs von 12,5 Prozent.

Raul Castro hat jedoch nicht das Charisma seines Bruders Fidel. Außerdem ist auch er bereits knapp 80 Jahre alt und ist, so munkelt man, bei Volk und Offizieren nicht so beliebt wie der große Bruder. Wahrscheinlich wird er nur für eine »Übergangszeit« zur Verfügung stehen. Wer weiß, was noch auf ihn zukommt. Jedenfalls möchte die USA in Cuba gerne kräftig mitmischen. Sie hoffen immer noch, Cuba »amerikanisieren« zu können. Hierbei spielen natürlich in erster Linie wirtschaftliche Interessen eine Rolle. Vor Cuba hat man vor kurzem sehr große Erdöllagerstätten gefunden. Hinzu kommen viele wertvolle Nickel-Vorkommen. Diese werden momentan von China ausgeräumt.

Zu Cubas engsten Freunden zählen heute zuerst Venezuela, danach Brasilien, Bolivien, Nicaragua und nicht zu vergessen China.

Viele Cubaner können sich ein »chinesisches System« – der Sozialismus bleibt, aber die Wirtschaft öffnet sich dem Weltmarkt – vorstellen.

Angst haben viele Cubaner vor einer Enteignung. Die meisten von ihnen leben heute in Wohnungen oder Häusern, die vor der Revolution anderen gehörten. Und so ist die Angst groß, dass sie diese wieder zurückgeben müssten. Sie hoffen, dass es zu keinem Chaos kommt.

Warten wir es ab. Es entscheidet sich bald oder auch nicht.

SCHÖNE BÜCHER
KOMMEN VOM SCHAUMBERG

EDITION SCHAUMBERG
Verlag & Büro für visuelle Gestaltung

www.edition-schaumberg.de